ES V

Berliner Kommentar zum Grundgesetz

von

Dirk Bieler

ERICH SCHMIDT VERLAG

Die Deutsche Bibliothek – CIP-Einheitsaufnahme

Bieler, Dirk:
Berliner Kommentar zum Grundgesetz / von Dirk
Bieler. – Berlin : Erich Schmidt, 1997
   ISBN 3-503-04313-6

ISBN 3 503 04313 6

Dieses Werk ist auf säurefreiem Papier gedruckt
und entspricht den Frankfurter Forderungen
zur Verwendung alterungsbeständiger Papiere
für die Buchherstellung

Druck: Regensberg, Münster

Vorwort

Die hier vorgelegte kommentierende Darstellung der Vorschriften des Grundgesetzes soll eine erste Einführung geben für alle diejenigen, die sich erstmalig mit der Materie befassen. Wenn man sich ohne Vorkenntnisse an ein so tiefgreifendes Gebiet wie das Verfassungsrecht heranwagt, so ergeben sich sehr schnell nicht nur Verständnisschwierigkeiten, sondern die Komplexität des Rechtsgebietes fordert dem Suchenden umfassende Kenntnisse der Rechtsordnung ab. Dies kann und soll dieser Kommentar nicht vermitteln. Seine Aufgabe ist es, dem Leser das Grundgesetz darzustellen und die Formulierungen von ihrer Bedeutung und ihrem wesentlichen Inhalt her zu erklären. Die in diesem Zusammenhang angegebenen Fundstellen in Kommentaren und der Rechtsprechung des Bundesverfassungsgerichts sind als Beleg der Ausführungen zu verstehen. Allerdings gehen diese Zitate auch darüber hinaus: Sie geben dem Interessierten die Möglichkeit, vertieft nachzulesen und sich weitere Problembereiche der jeweiligen Vorschrift zu erschließen. Die hier vorgenommenen Darstellungen können diesbezüglich nicht den Anspruch auf Vollständigkeit erheben. Sie wollen dies auch nicht, denn die Ausführungen zielen darauf, dem interessierten Leser einen „Vorgeschmack" des Verfassungsrechts zu vermitteln und wollen dazu motivieren, selbst mit eigener Zielsetzung und eigener Neugier in die Materie einzutauchen.

Um eine gezielte Beschäftigung mit dem Grundgesetz zu ermöglichen, sind in einem Literaturverzeichnis neben der Angabe der verwendeten Werke weitere aufgeführt, die zu den gängigen Lehrbüchern und Kommentaren zu zählen sind. Eine Problemerfassung im Rahmen des verfassungsrechtlichen Studiums kann nur erreicht werden, wenn der Leser sich vertiefend in die Literatur einarbeitet und sich den unterschiedlichen Meinungsstand erschließt, um dann selbst seine Entscheidung zu treffen. Den ersten Einstieg gibt ihm hoffentlich dieser Kommentar.

Braunschweig, im April 1997   *Dirk Bieler*

Inhalt

Literaturhinweise und -verzeichnis

Kommentare:

Jarass, H./Pieroth, B., Grundgesetz für die Bundesrepublik Deutschland, 3. Aufl. 1995, Beck München

von Mangoldt, H./Klein, F., Das Bonner Grundgesetz, Kommentar, Bd. I 1985, Bd. VI 1991, Bd. XIV 1991

Maunz, Th./Dürig, G./Herzog, R./Scholz, R., Grundgesetz, Loseblatt – Kommentar, 7. Aufl. 1994, Beck München

Maurer, H./Degenhart, C. (Hrg.), Bonner Kommentar zum Grundgesetz, Loseblatt Kommentar, Stand 1996, C.F. Müller Heidelberg

Leibholz, G./Rinck, H./Hesselberger, D., Grundgesetz für die Bundesrepublik Deutschland, Kommentar anhand der Rechtsprechung des Bundesverfassungsgerichts, Loseblatt 1996, O. Schmidt Köln

Model, O./Müller, K., Grundgesetz für die Bundesrepublik Deutschland, 11. Aufl. 1994 Heymanns Köln

von Münch, I./Kunig, Ph., Grundgesetz – Kommentar, Bd. I, 4. Aufl. 1992, Bd. II, 3. Aufl. 1995, Bd. III, 3. Aufl. 1996, Beck München

Sachs, M., Grundgesetz, Kommentar, Beck München, 1996

Schmidt-Bleibtreu,B./Klein, F., Kommentar zum Grundgesetz, 8. Aufl. 1994, Luchterhand Neuwied

Seifert, K.-H./Hörnig, D., Grundgesetz (Kommentar), 4. Aufl. 1991, Nomos Baden-Baden

Lehrbücher:

Badura, P. Staatsrecht, 2. Aufl. 1996, Beck München

Battis, U./Gusy, C., Einführung in das Staatsrecht, 3. Aufl. 1991, C.F. Müller Heidelberg

Degenhart, C., Staatsrecht I. Staatszielbestimmungen, Staatsorgane, Staatsfunktionen, 11. Aufl. 1995, C. F. Müller Heidelberg

Fischer, G, Europarecht in der öffentlichen Verwaltung, 1994, Beck München

Hakenberg, W., Grundzüge des Europäischen Wirtschaftsrechts, 1994, Vahlen München

Hesse, K., Grundzüge des Verfassungsrechts der Bundesrepublik Deutschland, 20. Aufl. 1995, C.F. Müller Heidelberg

Katz, A., Staatsrecht – Grundkurs im öffentlichen Recht, 12. Aufl 1994 C.F. Müller Heidelberg

Maunz, Th./Zippelius, R., Deutsches Staatsrecht, 29. Aufl. 1994, Beck München

Oppermann, Th., Europarecht, 1991, Beck München

Pieroth, B./Schlink, B., Grundrechte, Staatsrecht II, 11. Aufl. 1995, C. F. Müller Heidelberg

Püttner, G., Die Staatsorganisation, 2. Aufl. 1993, Beck München

Schweitzer, M., Staatsrecht III. Staatsrecht, Völkerrecht, Europarecht. 5.Aufl. 1995 C.F. Müller Heidelberg

Stein, E., Staatsrecht, 13. Aufl. 1991, Mohr Tübingen

Gesamtdarstellungen:

Benda, E./Maihofer, W./Vogel, H.-J., Handbuch des Verfassungsrechts der Bundesrepublik Deutschland, 2. Aufl. 1995, de Gruyter Berlin

Isensee, J./Kirchhoff, P., Handbuch des Staatsrechts der Bundesrepublik Deutschland, Bd. I, 2. Aufl. 1995, Bd. II 1987, Bd. III 1988, Bd. IV 1990, Bd. V 1992, Bd. VI 1989, Bd. VII 1993, Bd. VIII 1995

Stern, K., Das Staatsrecht der Bundesrepublik Deutschland, Bd. I 2. Aufl. 1984, Bd. II, 1980, Bd. III/1, 1988, Bd. III/2, 1994, Beck München

Grundgesetz für die Bundesrepublik Deutschland

Vom 23. Mai 1949 (BGBl. S. I; III 100-1), geändert durch die Gesetze vom 30. August 1951 (BGBl. I S. 739), 14. August 1952 (BGBl. I S. 445), 20. April 1953 (BGBl. I S. 130), 26. März 1954 (BGBl. I S. 45), 25. Dezember 1954 (BGBl. I S.517),23. Dezember 1955 (BGBl. I S.817),19. März 1956 (BGBl. I S. 111), 24. Dezember 1956 (BGBl. I S. 1077), 22. Oktober 1957 (BGBl. I S. 1745), 23. Dezember 1959 (BGBl. I S. 813), 6. Februar 1961 (BGBl. I S. 65), 6. März 1961 (BGBl. I S. 141), 16. Juni 1965 (BGBl. I S. 513), 30. Juli 1965 (BGBl. I S. 649), 8. Juni 1967 (BGBl. I S.581), 16. Juni 1968 (BGBl. I S. 657), 24. Juni 1968 (BGBl. I S. 709), 15. November 1968 (BGBl. I S. 1177), 29. Januar 1969 (BGBl. I S. 97), 12. Mai 1969 (BGBl. I S. 357, 359, 363), 17. Juli 1969 (BGBl. I S. 817), 28. Juli 1969 (BGBl. I S. 985), 19. August 1969 (BGBl. I S. 1241), 26. August 1969 (BGBl. I S. 1357), 31. Juli 1970 (BGBl. I S.1161),18. März 1971 (BGBl. I S. 206, 207), 12. April 1972 (BGBl. I S. 593), 28. Juli 1972 (BGBl. I S. 1305), 15. Juli 1975 (BGBl. I S. 1901), 23. August 1976 (BGBl. I S. 2381, 2383), 21. Dezember 1983 (BGBl. I S. 1481), 23. September 1990 (BGBl. II S. 885, 890),14. Juli 1992 (BGBl.I S.1254),21. Dezember 1992 (BGBl. I S.2086), 28. Juni 1993 (BGBl. I S. 1002), 20. Dezember 1993 (BGBl. I S. 2089), 30. August 1994 (BGBl. I S. 2245), 27. Oktober 1994 (BGBl. I S. 3146), 3. November 1995 (BGBl. I S. 1492)

Der Parlamentarische Rat hat am 23. Mai 1949 in Bonn am Rhein in öffentlicher Sitzung festgestellt, daß das am 8. Mai des Jahres 1949 vom Parlamentarischen Rat beschlossene Grundgesetz für die Bundesrepublik Deutschland in der Woche vom 16. bis 22. Mai 1949 durch die Volksvertretungen von mehr als Zweidritteln der beteiligten deutschen Länder angenommen worden ist.

Auf Grund dieser Feststellung hat der Parlamentarische Rat, vertreten durch seine Präsidenten, das Grundgesetz ausgefertigt und verkündet.

Das Grundgesetz wird hiermit gemäß Artikel 145 Absatz 3 im Bundesgesetzblatt veröffentlicht:

Präambel

Im Bewußtsein seiner Verantwortung vor Gott und den Menschen, von dem Willen beseelt, als gleichberechtigtes Glied in einem vereinten Europa dem Frieden der Welt zu dienen, hat sich das Deutsche Volk kraft seiner verfassungsgebenden Gewalt dieses Grundgesetz gegeben. Die Deutschen in den Ländern Baden-Württemberg, Bayern, Berlin, Brandenburg, Bremen, Hamburg, Hessen, Mecklenburg-Vorpommern, Niedersachsen, Nordrhein-Westfalen, Rheinland-Pfalz, Saarland, Sachsen, Sachsen-Anhalt, Schleswig-Holstein und Thüringen haben in freier Selbstbestimmung die Einheit und Freiheit Deutschlands vollendet. Damit gilt dieses Grundgesetz für das Gesamte Deutsche Volk.

I. Die Grundrechte

Artikel 1

(Menschenrechte, Grundrechtsbindung)

(1) Die Würde des Menschen ist unantastbar. Sie zu achten und zu schützen, ist Verpflichtung aller staatlichen Gewalt.

(2) Das deutsche Volk bekennt sich darum zu unverletzlichen und unveräußerlichen Menschenrechten als Grundlage jeder menschlichen Gemeinschaft, des Friedens und der Gerechtigkeit in der Welt.

(3) Die nachfolgenden Grundrechte binden Gesetzgebung vollziehende Gewalt und Rechtsprechung als unmittelbar geltendes Recht.

1. Bedeutung der Vorschrift

Mittelpunkt des Wertsystems der Verfassung (BVerfGE 39, 43).

Stellt einen Teil der „tragenden Konstitutionsprinzipien" dar, welche die Bestimmungen des GG dominieren (BVerfGE 6, 36; 87, 228).

Gundsatz, der nach Art. 79 Abs. III, auch bei einer Verfassungsänderung, unabänderlich bleibt (BVerfGE 30, 24).

2. Wesentliche Inhalte der Vorschrift

Diese Vorschrift umfaßt drei eminente und prinzipielle Postulate, die als Grundbausteine der Deutschen Verfassung zu verstehen sind.

2.1 Menschenwürde (Abs. I)

Die Menschenwürde ist der höchste Wert in der Wertehierarchie des GG (BVerfGE 27, 6), und versichert dem Menschen, daß er sein Leben und Schicksal nach Belieben steuern kann (BVerfGE 49, 298). Wo menschliches Leben existiert, kommt ihm Menschenwürde zu (BVerfGE 39, 41).Wesentliche Aufgaben des Art. 1 GG ist die Wahrung der rechtlichen Gleichheit vor dem Gesetz, der körperlichen Identität und Integrität (BVerfGE 47, 239), der geistig-seelischen Identität und Integrität (BVerfGE, NJW 1982, 375), die Begrenzung staatlicher Gewaltanwendung (BVerfGE 55, 144; 56, 37), sowie die Sicherstellung individuellen und sozialen Lebens (BVerfGE 1, 104; 1, 97). Also ist der Schutz der Menschenwürde als Grundnorm geschaffen, der im Ergebnis alle Grundrechte immanent sind.

2.2 Bekenntnis zu den Menschenrechten (Abs. II)

Art. 1 Abs. II GG dient als Signal für die Anerkennung und Einhaltung der Universellen Erklärung der Menschenrechte („UN-Deklaration") vom 10.12.1948 sowie der Europäischen Konvention zum Schutze der Menschenrechte (MRK) vom 4.11.1950.

Zwar ist die „UN-Deklaration" kein bindendes Recht, doch enthält sie auch „allgemeine Regelungen des Völkerrechts" i.S. des Art. 25 GG (Maunz/Dürig/Herzog/Scholz, RZ 56 f. zu Art. 1 Abs. II).

2.3 Verbindlichkeit der Grundrechte (Abs. III)

Art. 1 Abs. III GG dient dazu, die Anwendung des Deutschen Internationalen Privatrechts sowie die daraus resultierende Anwendung Ausländischen Privatrechts regelmäßig an der Verfassungsmäßigkeit gegenüber dem GG zu messen (Leibholz/Rinck/Hesselberger, RZ 79 ff. zu Art. 1 Abs. III).

Artikel 2
(Persönliche Entfaltungsfreiheit)

(1) Jeder hat das Recht auf die freie Entfaltung seiner Persönlichkeit, soweit er nicht die Rechte anderer verletzt und nicht gegen die verfassungsmäßige Ordnung oder das Sittengesetz verstößt.

(2) Jeder hat das Recht auf Leben und körperliche Unversehrtheit. Die Freiheit der Person ist unverletzlich. In diese Rechte darf nur auf Grund eines Gesetzes eingegriffen werden.

1. Bedeutung der Vorschrift

Art. 2 Abs. 1 iVm. Art. 1 Abs. I GG sichert die freie Entfaltung der im Menschen angelegten Fähigkeiten und Kräfte (BVerfGE 49, 298), und gilt als allgemeines Persönlichkeitsrecht (BVerfGE 54, 148). Das Bundesverfassungsgericht sieht in der freien menschlichen Persönlichkeit einen „obersten Wert der Verfassung" (BVerfGE 7, 405).

2. Wesentliche Inhalte der Vorschrift

Art. 2 GG vereinigt 4 Grundrechte in sich:

Das Recht auf Entfaltung der Persönlichkeit, das Recht auf Leben, das Recht auf körperliche Unversehrtheit und das Recht auf Freiheit der Person.

2.1 Die freie Entfaltung der Persönlichkeit (Abs. I)

Aus der Verbindung der freien Entfaltung der Persönlichkeit mit der Menschenwürde folgt die hohe Stellung des Rechts auf freie Entfaltung der Persönlichkeit (BVerfGE 35, 221), und es wird somit zum Hauptfreiheitsgrundrecht (Maunz/Dürig/Herzog/Scholz, RZ 6 zu Art. 2 Abs. I).

Art. 2 Abs. I dient als allgemeines Auffangsgrundrecht (BVerfGE 65, 297), welches wirksam wird, wenn ein Eingriff nicht in den Schutzbereich eines speziellen Freiheitsrechtes fällt (Maunz/Dürig/Herzog/Scholz, RZ 6 ff.).

2.2 Recht auf Leben (Abs. II Satz 1)

Das Recht auf Leben ist hier als das Recht zu Leben, also auf das körperliche Dasein, zu verstehen. Nach dem Bundesverfassungsgericht ist der Staat durch Art. 2 Abs. II gebunden, das Leben zu schützen und zu fördern (BVerfGE 46, 160; 39, 42; 49, 53; 53, 30; 56, 76).

Dieses Recht bezieht sich jedoch nicht nur auf das fertige Leben, sondern es bezieht sich auch auf die Problematik des ungeborenen Lebens und damit auf die Frage eines Schwangerschaftsabbruches, also auf die Tötung eines nasciturus (Maunz/Dürig/Herzog/Scholz, RZ 21 ff. zu Art. 2 Abs. 2, Leibholz/Rinck/Hesselberger: RZ 489 ff. zu Art. 2 Abs II sowie BVerfGE 39, 36 ff.).

2.3 Recht auf körperliche Unversehrtheit (Abs. II Satz 1)

Das Recht auf körperliche Unversehrtheit schützt in seinem klassischen Schutzbereich vor gezielten Eingriffen in die Gesundheit des Menschen, und zwar im physiologischen Sinn (BVerfGE 56, 73; 79, 201). Der Bereich der körperlichen Unversehrtheit läßt sich in vier Teilrechte untergliedern. Diese vier Teilbereich sind 1. Freiheit vor Unfruchtbarmachung; 2. Freiheit vor Verletzung der körperlichen Gesundheit; 3. Freiheit vor Schmerzen; 4. Freiheit vor Verunstaltungen (Maunz/Dürig/Herzog/ Scholz, RZ 30 ff. zu Art. 2 Abs. II). Allerdings ist dies nach der Rechtsprechung des Bundesverfassungsgerichts nicht nur ein subjektives Abwehrrecht gegenüber dem Staat, sondern es ist auch eine Anweisung an den Staat und an seine Organe diese Schutz- und Sorgfaltspflicht zu waren und zu achten (BVerfGE 77, 214; 79, 201).

2.4 Recht auf Freiheit der Person (Abs. II Satz 2)

Mit der Freiheit der Person i. S. von Art. 2 Abs. II S. 2 ist die körperliche Bewegungsfreiheit gemeint. Unter körperliche Bewegungsfreiheit wird die Möglichkeit verstanden, einen beliebigen Ort aufzusuchen und sich dort aufzuhalten. In negativer Hinsicht ist die Freiheit der Person nur dann verletzt, wenn die betroffene Person an diesem Recht gehindert wird. Somit fallen hoheitliche Akte wie Vorladungen (BVerfGE 22, 21; BVerwGE 62, 325; 82, 243; BGHZ 82, 261), Teilnahme am Verkehrsunterricht (BVerwGE 6, 354), etc. nicht in diesen Bereich (Maunz/Dürig/Herzog/Scholz, RZ 50 ff.).

Artikel 3
(Gleichheitsgrundsatz)

(1) Alle Menschen sind vor dem Gesetz gleich.

(2) Männer und Frauen sind gleichberechtigt. Der Staat fördert die tatsächliche Durchsetzung der Gleichberechtigung von Frauen und Männern und wirkt auf die Beseitigung bestehender Nachteile hin.

(3) Niemand darf wegen seines Geschlechts, seiner Abstammung, seiner Rasse, seiner Sprache, seiner Heimat und Herkunft, seines Glaubens, seiner religiösen oder politischen Anschauung benachteiligt oder bevorzugt werden. Niemand darf wegen seiner Behinderung benachteiligt werden.

1. Bedeutung der Vorschrift

Art. 3 erweist sich als einer der Kernsätze des Rechts überhaupt. Nicht nur, daß er die Ausübung öffentlicher Gewalt i.S. einer Gleichbehandlung vor dem Gesetz postuliert, sondern auch, daß er weite Bereiche des öffentlichen und wirtschaftlichen Lebens i.S. dieser Forderung beeinflußt, so daß er z.B. durch die Rechtsprechung des BAG unmittelbar Geltung im Arbeitsrecht hat (BAG, Stahlhacke (Hrg.), Entscheidungssammlung zum Arbeitsrecht, Nr. 2 zu Art. 3 GG).

2. Wesentliche Inhalte der Vorschrift

Die verfassungsrechtliche Grundordnung des GG basiert auf der Vorstellung, daß Gleichheit und Freiheit dauernde Grundwerte der staatlichen Ordnung sind (BVerfGE 2, 12). Da jedem Menschen Freiheit und Menschenwürde zukommen, also die Menschen insoweit gleich sind, ist das Prinzip der Gleichbehandlung aller für die freiheitliche Demokratie ein selbstverständliches Postulat (BVerfGE 5, 205). Die Gleichheit vor dem Gesetz ist so sehr ein Teil der verfassungsmäßigen Ordnung, daß auf den überpositiven Rechtsgrundsatz zurückgegriffen werden müßte, wenn der Gleichsatz nicht in Art. 3 geschriebenes Verfassungsrecht geworden wäre (BVerfGE 1, 233).

2.1 Gleichheit vor dem Gesetz (Abs. I)

Das Grundrecht der Gleichbehandlung vor dem Gesetz gilt für alle Menschen, also auch für Ausländer (BVerfGE 30, 412; 23, 104; 51, 22). Art. 3 Abs. I gilt ferner als ungeschriebener, verfassungsrechtlicher Grundsatz in allen Bereichen und für alle Personengemeinschaften (BVerfGE 6, 91; 23, 373; 26, 185, 244; 34, 146; 35, 272; 38, 288), sowie für juristische Personen (BVerfGE 4, 12) und Personengruppen, die keine allgemeine Rechtsfähigkeit besitzen (BVerfGE 3, 391 f.).

Art. 3 Abs. I enthält nicht nur das Gleichheitsprinzip, sondern beinhaltet nach Rechtsprechung des Bundesverfassungsgerichts auch ein Willkürverbot, verbietet also eine an sachwidrigen Kriterien ausgerichtete Differenzierung (BVerfGE 35, 355). Das Gleichheitsprinzip umfaßt die allgemeine Weisung, mit permanenter Orientierung am Gerechtigkeitsgedanken Gleiches gleich und Ungleiches seiner Eigenart entsprechend verschieden zu behandeln (BVerfGE 52, 273; 75, 157; 37, 114; 38, 257; 42, 72; 45, 62).

2.2 Gleichberechtigung von Mann und Frau (Abs. II)

Die Vorschrift des Art. 3 Abs. II hat gesteigerte Bedeutung gewonnen durch die europarechtliche Forderung und das europarechtliche Gebot nach Gleichstellung der Frau im Arbeitsleben. Kern dieser Gleichstellungsregelungen sind verschiedene Richtlinien der EU, die sogenannten „Gleichbehandlungsrichtlinien" 76/207 (ABl 1976, L 39/40 ff.) – (s. hierzu näher Oppermann, Europarecht RZ 1591). Ausprägung dessen sind z.B. gesetzliche Regelungen wie § 611a BGB, aber auch die nunmehr in nahezu allen Bundesländern erlassenen Gleichstellungsgesetze. Allerdings ist – bezogen auf die Gleichstellungsgesetze – bei deren Anwendung besondere Vorsicht im Hinblick darauf geboten, daß aus dem Bemühen um Gleichstellung keine Bevorzugung der Frau resultiert (BAG, EzA Nr. 52 zu Art. 3 GG).

2.3 Verbot von Benachteiligung oder Bevorzugung (Art. III)

Genauso wie Art. 3 Abs. II ist auch Abs. III eine objektive Rechtsnorm und ein Grundrecht (BVerfGE 17, 27). Es ist allerdings wesentlich konkreter, da es ungleiche Behandlung „wegen" einer bestimmten Eigenschaft einer Person verbietet. Das GG knüpft mit dieser Norm direkt wieder an Art. 1 GG an, da eine Ungleichbehandlung wegen dieser aufgeführten Unterschiede der Menschen ein Verstoß gegen Art. 1 GG wäre. Durch Art. 3 Abs. III werden genaugenommen zwei Rechte verliehen, nämlich einerseits das Recht anders zu sein und so akzeptiert zu werden, andererseits das Recht, anders zu bleiben (Maunz/Dürig/Herzog/Scholz, RZ 33 ff. zu Art. 3 Abs. III).

Artikel 4
(Glaubens- und Gewissensfreiheit)

(1) Die Freiheit des Glaubens, des Gewissens und die Freiheit des religiösen und weltanschaulichen Bekenntnisses sind unverletzlich.

(2) Die ungestörte Religionsausübung wird gewährleistet.

(3) Niemand darf gegen sein Gewissen zum Kriegsdienst mit der Waffe gezwungen werden. Das Nähere regelt ein Bundesgesetz.

1. Bedeutung der Vorschrift

Art. 4 verpflichtet den Staat zur Neutralität in Glauben, Gewissens- und weltanschaulichen Fragen (BVerfGE 18, 386; 33, 28). Damit ist die Einführung einer Staatskirche ebenso unzulässig wie etwa die einseitige Unterstützung einer Religionsgemeinschaft durch Verleihung besonderer Rechte, mit denen sie aus dem Kreis der anderen hervorgehoben würde (BVerfGE 24, 246; 19, 216).

Wesentlicher Gesichtspunkt bei dieser Garantie ist die Tatsache, daß die Garantie nicht nur dem einzelnen Bürger gegenüber besteht, sondern daß die institutionalisierten Religions- und Weltanschauungsgemeinschaften in gleicher Weise an der Garantie teilhaben. Dies gilt jedenfalls, soweit sie nicht die freiheitlich-demokratische Grundordnung in Frage stellen (BVerfGE 32. 106; 42, 322; 83, 353).Voraussetzung hierfür ist allerdings nicht allein das Bekenntnis oder die Behauptung der Institution, eine solche nach Art. 4 geschützte Gemeinschaft zu sein, es muß hinzukommen, daß die Gemeinschaft auch in ihrem äußeren Erscheinungsbild und ihrem geistigen Gedankengut dazu zu rechnen ist (BVerfGE 83, 353).

2. Wesentliche Inhalte der Vorschrift

Inhalt dieser Vorschrift sind im wesentlichen zwei Freiheiten, einerseits die „innere Freiheit", innerhalb seiner religiösen oder nichtreligiösen Weltanschauung zu leben, diese Anschauung als richtig zu betrachten und toleriert zu werden, was allerdings nicht alles ist (BVerfGE 12, 3 f.; 32, 106; 44, 49). Sondern auch die „äußere Freiheit", sich dieser Religion oder Weltanschauung nach außen hin zu bekennen, sie zu verbreiten und zu etablieren.

2.1 Freiheit des Glaubens und der Gewissensfreiheit (Abs. I)

Der Begriff der Glaubens und der Gewissensfreiheit ist generell sehr weit auszulegen (BVerfGE 35, 376). Demnach fallen darunter nicht nur religiöse Weltbilder, sondern auch Weltbilder, die gar keine Religion umfassen oder sogar gegen eine Religion sprechen, unter den Schutz (BVerfGE 12, 3 f.). Ferner umfaßt diese Glaubens- und Gewissensfreiheit auch, daß jeder sich seine Religion oder Weltanschauung frei wählen darf, und in dieser Wahl nicht behindert wird oder werden darf (BVerfGE 30, 423; 44, 49). Auch die Missionierung, also das Bestreben andere Menschen einer Religion abzuwerben sie in die eigene Religion zu führen, wird durch dieses Grundrecht geschützt (BVerfGE 12, 4; 24, 245).

Die Gewissensfreiheit ist die Freiheit des Einzelnen, dem persönlichen Bewußtsein vom sittlich Guten und Bösen gemäß zu handeln (BVerfGE 12, 54 f.; 48, 163).

Art. 4 Abs. I verbietet auch, jemandem einen speziellen Glauben oder die Mitgliedschaft aufzuzwingen (BVerfGE 17, 305).

2.2 Religionsausübung (Abs. II)

Art. 4 Abs. II betont eine Garantie, die eigentlich schon in Abs. I enthalten ist (BVerfGE 24, 245). Unter Religionsausübung versteht man alle feierlich-religiösen Handlungen, die in den jeweiligen Religion auftreten. Dazu zählen Gottesdienste, Gebete, Prozessionen, Glockengeläut, etc. (BVerfGE 24, 245; 13, 3).

2.3 Kriegsdienst mit der Waffe (Abs. III)

Zur Definition des Kriegsdienstes vgl. BVerfGE 48, 163 f. Allerdings bezieht sich dies nicht nur auf den Kriegsdienst selbst, sondern auf jeden uniformierten Dienst als Soldat.

Eine Gewissensentscheidung ist jede ernste, sittliche (also an individuell empfundenen Werten von Gut und Böse orientierte) Entscheidung, die jeder für sich als verpflichtend und bindend hält (BVerfGE 12, 55; 23, 205). Ihre Überprüfung ist heute aufgrund der Regelungen des Kriegsdienstverweigerungsrechts weitgehend unproblematisch geworden.

Artikel 5
(Meinungs-, Wissenschafts- und Kunstfreiheit)

(1) Jeder hat das Recht, seine Meinung in Wort, Schrift und Bild frei zu äußern und zu verbreiten und sich aus allgemein zugänglichen Quellen ungehindert zu unterrichten. Die Pressefreiheit und die Freiheit der Berichterstattung durch Rundfunk und Film werden gewährleistet. Eine Zensur findet nicht statt.

(2) Diese Rechte finden ihre Schranken in den Vorschriften der allgemeinen Gesetze, den gesetzlichen Bestimmungen zum Schutze der Jugend und in dem Recht der persönlichen Ehre.

(3) Kunst und Wissenschaft, Forschung und Lehre sind frei. Die Freiheit der Lehre entbindet nicht von der Treue zur Verfassung.

1. Bedeutung der Vorschrift

Die Meinungsfeiheit ist die Basis jeden demokratischen Zusammenlebens, da durch sie erst erreicht wird, daß jede Ansicht und Betrachtungsweise berücksichtigt und somit eine objektive Entscheidung gefällt werden kann. Da Informationen im Meinungsbildungsprozeß eine wesentliche Rolle spielen, muß gewährleistet sein, daß alle Informationen, die durch die Massenmedien zugänglich sind, auch für jedermann erreichbar sind bzw. bleiben. Dies soll Art. 5 gewährleisten.

2. Wesentliche Inhalte der Vorschrift

Inhalt dieser Vorschrift ist der Schutz und die Gewährleistung der freien Meinung eines jeden Menschen, der Freiheit, sich zu informieren, sowie die Gewährleistung der Freiheit der Massenmedien, der Kunst, der Wissenschaft, der Forschung und der Lehre.

2.1 Meinungsfreiheit (Abs. I)

Art. 5 Abs. I beinhaltet insgesamt fünf Grundrechte, wird allerdings oft nur als „Meinungsfreiheit" bezeichnet (Pieroth/Schlink, RZ 600).

Diese fünf Grundrechte sind:

- die **Meinungsfreiheit** (Art. 3 Abs. I, S. 1, 1. Hbs.)

  Das Grundrecht gewährleistet, ohne besonders zwischen „Werturteil" und „Tatsachenbehauptung" zu differenzieren, jedermann das Recht, seine Meinung frei zu äußern (BVerfGE 61, 7; 42, 163; 7, 198; 33, 1). Meinungen sind wertende Betrachtungen von Tatsachen, Verhaltensweisen oder Verhältnissen.

  Die Meinungsfreiheit bezieht sich auf Meinungen, die in Wort, Schrift und Bild gefaßt sind. Diese Begriffe sind generell weit auszulegen (s.h. Maunz/Dürig/Herzog/Scholz, RZ 69 ff. zu Art. 5 Abs. I), und sollten nur als Beispiel angesehen werden (vgl. v. Münch, Art. 5 RZ. 9 f.).

- die **Informationsfreiheit** (Art. 3 Abs. I, S. 1, 2. Hbs.)

  Dieses selbständige Grundrecht (BVerfGE 27, 108 f.) gewährleistet, daß sich jedermann informieren kann, allerdings gilt dies nur für die allgemein zugänglichen Informationsquellen (BVerfGE 27, 104; 33,52; vgl. Maunz/Dürig/Herzog/Scholz, Art. 5 Abs. I, II RZ 101). Ferner handelt es sich um ein Abwehrrecht, da es dem Staat verbietet, den Zugang zu solchen Informationsquellen zu erschweren, bzw. unmöglich zu machen (BVerfGE 21, 291; 27, 88; Katz, RZ 729).

– die **Pressefreiheit** (Art. 3 Abs. I, S. 2, 1.Variante)

Dieses Grundrecht schützt die Presse als Medium umfassend. Ihre Vielfältigkeit ermöglicht es, jedermann eine mannigfaltige Informationsbreite zu verschaffen und ist dadurch für das Funktionieren eines demokratischen Staates unverzichtbar. Der Begriff der Presse ist aufgrund dieser Bedeutung weit auszulegen (BVerfGE 50, 234, 239 f.), und umfaßt alle drucktechnischen Bereiche (BVerfGE 20, 162, 174 ff.; 21, 271, 278 ff.; 62, 230, 243). Nach den neueren Entwicklungen im Bereich der Telekommunikation wird man auch die Berichterstattung und die Informationen aus dem Internet der Presseberichterstattung zuordnen müssen, so daß diese Informationsquelle an dem garantierten Freiheitsrecht teilhat.

– die **Freiheit der Rundfunkberichterstattung** (Art. 3 Abs. I, S. 2, 2. Variante)

Da der Rundfunk und das Fernsehen genauso zu den Massenmedien gehören, wie die Presse, ist ihre Rolle ebenso entscheidend. Auch der Hörfunk stellt nach der Rechtsprechung des Bundesverfassungsgericht einen Faktor in dem permanenten Prozeß der öffentlichen Meinungs- und Willensbildung dar (BVerfGE 35, 221 f.; 12, 125, 260; 57, 319 f.; 83, 295 f.).

– die **Freiheit der Filmberichterstattung** (Art. 3 Abs. I, S. 2, 3. Variante)

Satz 2, Variante 3 schützt den Film als ein Medium der Meinungs- und Nachrichtenverbreitung. Damit ist besonders die Zensur angesprochen. Art. 5 Abs. I, S. 2 untersagt die Vor- oder Präventivzensur (BVerfGE 87, 209, 230), um die typischen Gefahren zu bannen. Eine Nachzensur ist zulässig, wenn sie sich im Rahmen des Schrankenbereichs (dazu Maunz/Dürig/Herzog/Scholz, RZ 242 ff. zu Art. 5 Abs. I, II; sowie Leibholz/ Rinck /Hesselberger, RZ 671 ff.) des Art. 5 bewegt. Das Zensurverbot an sich stellt eine absolute Eingriffsschranke dar (BVerfGE 33, 51, 71 f.).

2.2 Einschränkungen dieser Rechte (Abs. II)

Einschränkungen erfahren diese Rechte in den vom Gesetz festgelegten Schranken, nämlich in den Vorschriften der allgemeinen Gesetze, den gesetzlichen Bestimmungen zum Schutze der Jugend, sowie in dem Recht der persönlichen Ehre. Diese drei Schranken sind jede für sich selbständig und bestehen nebeneinander (näher dazu Maunz/Dürig/Herzog/Scholz, RZ 242 ff., sowie Leibholz/ Rinck/Hesselberger, RZ 671 ff.).

2.2.1 Allgemeine Gesetze

Allgemeine Gesetze sind zunächst als verfassungsgemäße Gesetze im materiellen Sinne zu verstehen, so daß auch untergesetzliche Normen in der Lage sind, der Meinungsfreiheit Schranken zu setzen (OVG Münster, DVBl 1972, 509). Es kommen jedoch nur solche in Betracht, deren Ziel nicht die Unterdrückung oder Beschränkung von Meinungen ist und die sich nicht speziell gegen die Meinungsäußerung als solche richten (BVerfGE 71, 214), sondern auf den Schutz eines Gemeinschaftsgutes oder eines Rechtsgutes abzielen, das Vorrang vor der Meinungsäußerung genießen muß. Allgemeine Gesetze können also nur aufgrund einer Güterabwägung die Freiheit aus Art. 5 Abs. I einschränken, wie dies z.B. anzuerkennen ist, wenn unrichtige Behauptungen von demjenigen unterbunden werden können, zu dessen Nachteil sie aufgestellt worden sind (BVerfGE 61, 8; 85, 17). Hierbei muß vornehmlich auf das jeweilige Individualrechtsgut abgestellt werden, weil die Mehrheit der allgemeinen Gesetze nicht zum Schutze eines einzelnen konkret benennbaren Rechtsgutes erlassen worden sind, gleichwohl schützen sie im Einzelfall jedoch eine bestimmte Vielzahl solcher (Maunz/Dürig/ Herzog/Scholz, Art. 5 Abs. I, II RZ 275). Unter diesen Aspekten hat das BVerfG eine Reihe von Vorschriften als die Meinungsfreiheit einschränkende allgemeine Gesetze i.S. des Abs. 2 anerkannt – vgl. hierzu die Angaben bei Maunz/Dürig/Herzog/Scholz, aaO., RZ 276.

2.2.2 Bestimmungen zum Schutze der Jugend

Um eine normale, ungestörte Entwicklung der Jugend zu ermöglichen, muß der Staat die Möglichkeit besitzen, Einflüsse, die schadhaft diese Entwicklung beeinträchtigen könnten, zu unterbinden. Wie weit dieser Eingriff gehen darf, muß mit der Hilfe einer Güterabwägung festgelegt werden, allerdings darf diese sich nicht außerhalb der Verhältnismäßigkeit bewegen (BVerfGE 30, 347 f.). Dabei muß jedoch sichergestellt werden, daß die Jugend keinen Zugang zu pornographischen, Rassenhaß hervorrufenden oder gewaltverherrlichenden Datenträgern, Druck-, Ton,- oder Bilderzeugnissen hat (dazu Leibholz/Rinck/Hesselberger, RZ 941 ff.).

2.2.3 Rechte der persönlichen Ehre

Auch kann Art. 5 von Rechten der persönlichen Ehre eingeschränkt werden. Dies wären z.B. im Strafrecht die Vorschriften der §§ 185 ff. StGB iVm. den §§ 374 ff. StPO, im Zivilrecht die Vorschriften der §§ 823 ff. BGB (dazu BVerfGE 33, 16f., sowie Leibholz/Rinck/Hesselberger, RZ 971 ff.). Allerdings ist es auch möglich, daß Art. 5 mit anderen Grundrechten kollidiert und somit eingeschränkt wird (siehe „Mephisto"-Entscheidung, BVerfGE 30, 173).

2.3 Freiheit von Kunst, Wissenschaft und Lehre (Abs. III)

Abs. III ist nicht nur ein subjektives Freiheitsrecht, sondern es ist auch eine Garantie für ein objektives, teilweise institutionell organisiertes Rechtsprinzip. Wissenschaft ist der Versuch, von einem gewissen Erkenntnisstand aus, neue und wahre Erkenntnisse durch methodisch aufbauendes und kritisches Denken zu erhalten.

Nach Rechtsprechung des Bundesverfassungsgerichts ergeben sich aus Abs. III zwei staatliche Gewährleistungspflichten.

– Der Staat muß die freie Wissenschaft pflegen und ihr funktionsfähige Institutionen bereitstellen.

– Der Staat hat dafür zu sorgen, daß das Grundrecht der freien wissenschaftlichen Forschung soweit wie möglich unangetastet bleibt, solange dadurch nicht die Grundrechte anderer verletzt werden und die anderen legitimen Aufgaben der Wissenschaftseinrichtungen beeinträchtigt werden (dazu BVerfGE 35, 79; 43, 242; 88, 129; 90, 1).

Die Kunstfreiheit schützt den Prozeß der künstlerischen Schöpfung, das Kunstwerk selbst und die Verbreitung, Darbietung oder sonstige kommunikative Vorstellung des Kunstwerkes. Es wird also nicht nur die eigentliche künstlerische Betätigung, der „Werkbereich", sondern auch der Wirkbereich der Kunst geschützt (BVerfGE 30, 173; 67, 213; 77, 240). Ferner verpflichtet Art. 5 Abs. III den Staat zu Neutralität und Toleranz. Es wird ihm also verboten in Bezug auf Motive, Methoden, Inhalte und Tendenzen Einfluß auszuüben und den Raum der künstlerischen Betätigung einzuengen (BVerfGE 31, 229, 238 f.).

Artikel 6
(Schutz der Familie)

(1) Ehe und Familie stehen unter dem besonderen Schutze der staatlichen Ordnung.

(2) Pflege und Erziehung der Kinder sind das natürliche Recht der Eltern und die zuvörderst ihnen obliegende Pflicht. Über ihre Betätigung wacht die staatliche Gemeinschaft.

(3) Gegen den Willen der Erziehungsberechtigten dürfen Kinder nur auf Grund eines Gesetzes von der Familie getrennt werden, wenn die Erziehungsberechtigten versagen oder wenn die Kinder aus anderen Gründen zu verwahrlosen drohen.

(4) Jede Mutter hat Anspruch auf den Schutz und die Fürsorge der Gemeinschaft.

(5) Den unehelichen Kindern sind durch die Gesetzgebung die gleichen Bedingungen für ihre leibliche und seelische Entwicklung und ihre Stellung in der Gesellschaft zu schaffen wie den ehelichen Kindern.

1. Bedeutung der Vorschrift

Art. 6 behandelt Ehe, Familie, Eltern und Kinder und gewährleistet somit verfassungsrechtlichen Schutz der Familie. Allerdings legt Art. 6 dem Staat auch die Aufgabe auf, die Kinder vor den Eltern zu schützen, sofern diese versagen.

2. Wesentliche Inhalte der Vorschrift

Art. 6 verbürgt eine Reihe von Grundrechten, die sich auf die Familie beziehen.
Zu diesen Grundrechten zählen Abwehrrechte (Abs. I–III), Diskiminierungsverbote (Abs. I, IV, V), Leistungsrechte (Abs. I–IV) und Institutsgarantien (Abs. I).
(Dazu Pieroth/Schlink, RZ 694 f.)

2.1 Ehe und Familie im Schutze der staatlichen Ordnung (Abs. I)

Nach dem Bundesverfassungsgericht stellt Abs. I eine Grundsatznorm für den gesamten Bereich des Ehe und Familie betreffenden privaten und öffentlichen Rechts dar. In ihm ist eine Institutionsgarantie, ein Abwehrrecht des Einzelnen sowie eine verbindliche Wertentscheidung enthalten (weiter dazu Leibholz/Rinck/Hesselberger, RZ 2 ff. zu Art. 6, sowie BVerfGE 24, 135; 62, 329; 76, 49).

Eine Ehe i. S. v. Art. 6 ist die grundsätzlich lebenslange Verbindung eines Mannes mit einer Frau zur Lebensgemeinschaft (BVerfGE 10, 66). Eine Familie i. S. v. Art. 6 ist nach dem Bundesverfassungsgericht eine in der Hausgemeinschaft geeinte, engere Familie, also Eltern und Kinder (BVerfGE 48, 339).

Ferner ist in Art. 6 die Eheschließungsfreiheit enthalten, welche gewährleistet, daß jeder mit einem selbstgewählten Partner die Ehe eingehen (BVerfGE 31, 67; 36, 161) und in Ehe und mit Familie zusammenleben kann (BVerfGE 76, 42).

Ferner verbietet das Diskriminierungsverbot von Art. 6 Abs. I jede Benachteiligung von Ehegatten gegenüber Ledigen und von Familienmitgliedern gegenüber Nicht-Familienzugehörigen (BVerfGE 9, 242; 61, 355; 69, 205).

Die grundsätzlich bestehende Pflicht des Staates zur Förderung der Familie bezieht sich indes nicht auf eine allgemeinen Vorzug der Familie vor eheähnlichen Verbindungen oder als Pflicht, jede finanzielle Belastung auszugleichen (BVerfGE 75, 360), sie läßt sich aber als allgemeine Pflicht des Staates dahin konkretisieren, einen Familienlastenausgleich vorzunehmen, wobei eine diesbezügliche Gestaltungsfreiheit des Gesetzgebers besteht (BVerfGE 82, 81).

2.2 Elternrecht (Abs. II)

Art. 6 Abs. II enthält Bestimmungen, die sich auf die Stellung von Eltern und Staat in Hinsicht auf die Kindererziehung beziehen (BVerfGE 24, 135), sowie auf die Beziehung von Eltern und Kindern in der Familie.

Grundrechtsträger sind Eltern ehelicher Kinder, die Mutter eines nichtehelichen Kindes sowie Adoptiveltern (BVerfGE 24, 135; 31, 206; 79, 211).

Pflege ist als die allgemeine Sorge für die Person des Kindes, für sein körperliches Wohl und für seine geistige und charakterliche Entwicklung zu verstehen.

Unter Erziehung ist als die Sorge um die Bildung und Ausbildung durch Förderung der Fähigkeiten des Kindes zu verstehen (Maunz/Dürig/Herzog/Scholz, RZ 24 zu Art. 6 Abs. II).

Die oberste Richtline bei der Erziehung und der Pflege eines Kindes muß das Kindeswohl selbst sein (BVerfGE 59, 376; 60, 88).

2.3 Trennung eines Kindes von der Familie (Abs. III)

Abs. III ist eine Vorschrift, die es ermöglicht, daß den Eltern, im Falle eines Versagens innerhalb ihrer Aufgaben, die Kinder entzogen werden können und somit eine normale Entwicklung der Kinder erreicht werden kann. Allerdings statuiert Abs. III hierfür ausdrücklich einen Gesetzesvorbehalt. Ferner enthält Abs. III ein Abwehrrecht, um ein Eingreifen des Staates ohne gesetzliche Grundlage oder gewisse Voraussetzungen unmöglich zu machen (BVerfGE 24, 138 f.).

Eine Trennung i. S. v. Abs. III ist die tatsächliche Trennung, also die „Wegnahme" des Kindes von den Eltern, wobei die Eltern-Kind-Beziehung sowie die sich daraus ergebenden Rechte und Pflichten grundsätzlich weiterbestehen (BVerfGE 24, 139).

Die Trennung kann nur geschehen, wenn die Eltern versagen, d. h., daß sie auf Dauer ihrer Erziehungspflicht nicht nachkommen, oder daß die Kinder verwahrlosen, was auch bei eingehaltener Erziehungspflicht möglich ist (Maunz/Dürig/Herzog/Scholz, RZ 36 ff. zu Art. 6).

2.4 Anspruch der Mutter (Abs. IV)

Art. 6 Abs. IV enthält einen verpflichtenden Auftrag (BVerfGE 60, 74), der als Grundrecht anzusehen ist (BVerfGE 76, 48), durch den der Gesetzgeber den Schutz und die Fürsorge der Gemeinschaft jeder Mutter zukommen lassen muß (BVerfGE 32, 277; 52, 365; 55, 156; 60, 74), da Mutterschaft und Kindesbetreuung als eine Leistung zu betrachten sind, die auch im Interesse der Gemeinschaft liegen (BVerfGE 88, 258 f.). Das Ziel dieser Vorschrift ist, die wirtschaftlichen Belastungen der Mütter, die durch Schwanger- und Mutterschaft entstehen, auszugleichen.

Beredter Ausdruck dieses Schutzauftrages, den er Gesetzgeber wahrgenommen hat, sind das Mutterschutzgesetz einerseits und das Bundeserziehungsgeldgesetz, das auch die Regelung des Erziehungsurlaubs beinhaltet. Im übrigen ergeben sich hier Interdependenzen zum Gleichheitssatz, indem die der Frau nach bisherigem Rollenverständnis obliegende Sorge für die Familie durch Maßnahmen zur Gleichstellung im Arbeitsleben miteinander verträglich gemacht werden soll.

2.5 Gleichstellung von nichtehelichen Kindern (Abs. V)

Abs. V enthält den Gesetzgebungsauftrag an den Bundestag, die Rechtsstellung der nichtehelichen Kinder zu verbessern, um ihnen vergleichbare Startchancen in der Gesellschaft und im Leben zu schaffen, wie sie die leiblichen Kinder haben (BVerfGE 25, 173). Abs. V enthielt insoweit eine Ausnahme von Art. 1 Abs. III, jedenfalls für einen vorübergehenden Zeitraum, der mangels näherer Bestimmung zu einer unmittelbaren Anwendung des Art. 1 Abs. III geführt hätte, um den Willen des Verfassungsgebers zu verwirklichen (BVerfGE 25, 180). Diese Frist ist seit Herbst 1969 abgelaufen (BVerfGE aaO.). Die gesetzgeberischen Maßnahmen sind weitgehend durchgeführt (vgl. BGB).

Eine Antinomie zum Schutz von Ehe und Familie sieht das BVerfG in der Vorschrift nicht. Maßgeblich ist das Ziel, die ungünstigen Lebensbedingungen des nichtehelichen Kindes auszugleichen oder jedenfalls zu verbessern (BVerfGE 17, 283). Hierbei steht für die Behandlung des nichtehelichen Kindes als Maßstab der „Normalfall" eines ehelichen Kindes zur Verfügung (BVerfGE 84, 185). Daß bei Schaffung dieser wirklich gleichen Bedingungen (BVerfGE 85, 88) dem Gesetzgeber ein weiter Ermessensspielraum zur Verfügung steht, ist unbestritten, soweit der Gesetzgeber damit dem Ziel einer materiellen Gleichwertigkeit entspricht (BVerfGE aaO.).

Artikel 7
(Schutz des Schulwesens)

(1) Das gesamt Schulwesen steht unter der Aufsicht des Staates.

(2) Die Erziehungsberechtigten haben das Recht, über die Teilnahme des Kindes am Religionsunterricht zu bestimmen.

(3) Der Religionsunterricht ist in den öffentlichen Schulen mit Ausnahme der bekenntnisfreien Schulen ordentliches Lehrfach. Unbeschadet des staatlichen Aufsichtsrechtes wird der Religionsunterricht in Übereinstimmung mit den Grundsätzen der Religionsgemeinschaften erteilt. Kein Lehrer darf gegen seinen Willen verpflichtet werden, Religionsunterricht zu erteilen.

(4) Das Recht zur Errichtung von privaten Schulen wird gewährleistet. Private Schulen als Ersatz für öffentliche Schulen bedürfen der Genehmigung des Staates und unterstehen den Landesgesetzen. Die Genehmigung ist zu erteilen, wenn die privaten Schulen ihren Lehrzielen und Einrichtungen sowie in der wissenschaftlichen Ausbildung ihrer Lehrkräfte nicht hinter den öffentlichen Schulen zurückstehen und eine Sonderung der Schüler nach den Besitzverhältnissen der Eltern nicht gefördert wird. Die Genehmigung ist zu versagen, wenn die wirtschaftliche und rechtliche Stellung der Lehrkräfte nicht genügend gesichert ist.

(5) Eine private Volksschule ist nur zuzulassen, wenn die Unterrichtsverwaltung ein besonderes pädagogisches Interesse anerkennt oder, auf Antrag von Erziehungsberechtigten, wenn sie als Gemeinschaftsschule, als Bekenntnis- oder Weltanschauungsschule errichtet werden soll und eine öffentliche Volksschule dieser Art in der Gemeinde nicht besteht.

(6) Vorschulen bleiben aufgehoben.

1. Bedeutung der Vorschrift

Art. 7 enthält Einrichtungsgarantien, Freiheitsrechte, Grundrechtsnormen und Auslegungsregeln für den Bereich des Schulrechts und garantiert Privatschulen ausdrücklich (BVerfGE 75, 61; 6, 355). Allerdings regelt er nur die einzelnen Grundfragen und Teilbereiche des Schulrechts (BVerfGE 6, 306; 26, 228), wobei die tragenden Grundsätze des Grundgesetzes

(Art. 20, 12, 7, 6, 5, 4, 3, 2) und die einzelnen Landesverfassungen zu berücksichtigen sind (Katz, RZ 755).

2. Wesentliche Inhalte der Vorschrift

Art. 7 enthält Einrichtungsregeln, Grundrechtsnormen und Auslegungsregeln für die Gestaltung des Schulwesens, dessen Ausgestaltung in die Kompetenz der Länder fällt, auch wenn in Art. 91 b durch die vorgesehene und praktizierte Bildungsplanung eine Harmonisierung vorgegeben ist (BVerfGE 6, 355; 59, 377).

2.1 Staatliche Schulaufsicht (Abs. I)

Nach Art. 7 Abs. I untersteht das ganze Schulwesen der Aufsicht des Staates. Unter Schulwesen versteht man die Gesamtheit der Einrichtungen, die sich mit der Vermittlung von Bildungsgütern in Schulen befassen (Maunz/Dürig/Herzog/Scholz, RZ 8 zu Art. 7).

Eine Schule ist eine auf Dauer berechnete, an fester Stätte, unabhängig vom Wechsel der Lehrer und Schüler, in überlieferten Formen organisierte Einrichtung der Erziehung und des Unterrichts, die durch planmäßige und methodische Unterweisung eines größeren Personenkreises in einer Mehrzahl allgemeinbildender oder berufsbildender Fächer bestimmte Bildungs- und Erziehungsziele zu verwirklichen bestrebt ist, und die nach Sprachsinn und allgemeiner Auffassung als Schule angesehen wird (Maunz/Dürig/Herzog/Scholz, RZ 9, aaO.). Ziel und Sinn dieser Institutionen ist es, die Gesamtpersönlichkeit des Schülers zu bilden.

Die staatliche Schulaufsicht ist nicht nur auf das Kontrollrecht des jeweiligen Schulträgers beschränkt (VGH Kassel, ESVGH 4,152), sondern sie schließt auch die Gesamtheit der staatlichen Befugnisse zu Fragen der Organisation, Planung, Leitung, Beaufsichtigung des Schulwesens mit ein (BVerwG, 1976, 864; BVerfGE 47, 71; 26, 238).

2.2 Teilnahme am Religionsunterricht (Abs. II)

Abs. II ist eine Garantieerklärung, daß die Erziehungsberechtigten über die Teilnahme ihres Kindes am Religionsunterricht bestimmen können, und ist somit eine Konkretisierung des elterlichen Erziehungsrechts (Art. 6 Abs. II), sowie der Religionsfreiheit (Art. 4 Abs. I, II).

Das Recht des Kindes, über die Teilnahme am Religionsunterricht zu bestimmen, ergibt sich aus Art. 4 Abs. I, II (dazu Maunz/Dürig/Herzog/Scholz, RZ 32 zu Art. 7).

2.3 Religionsunterricht als ordentliches Lehrfach (Abs. III)

Nach Abs. 3 gehört der Religionsunterricht bzw. sein religionsneutrales Äquivalent zum Fächerkanon des Unterrichts (BVerfGE 74, 251). Damit ist gemeint, daß der Religionsunterricht weder räumlich noch sachlich aus dem Bereich der Schule ausgeklammert werden darf. Diese Garantie bezieht sich nur auf öffentliche Schulen. Da der Religionsunterricht ordentliches Lehrfach ist, sind die Kosten wie Sachmittel, Personalkosten, etc. vom Schulkostenträger zu tragen und nicht von der Religionsgemeinschaft (Maunz/Dürig/Herzog/Scholz, RZ 48 ff.).

Abs. III S. 2 modifiziert die staatliche Schulaufsicht (BVerfGE 27, 201), da er Religionsgemeinschaften im Interesse der Vermittlung ihrer Glaubenssätze (dazu BVerfGE 74, 252) das Recht zur inneren Gestaltung des Religionsunterrichts gewährleistet. Dies umfaßt auch Entscheidungen über die Teilnahme, bzw. die Konditionen der Teilnahme von Schülern anderer Bekenntnisse am Unterricht (BVerfGE 74, 253 f.).

2.4 Privatschulen (Abs. VI)

Abs. VI S. 1 enthält das Grundrecht, daß jedermann eine Privatschule gründen darf (BVerfGE 27, 200). Dazu gehören auch inländische Stiftungen als juristische Personen (BVerwGE 40, 349). Zu Privatschulen gehören auch Ersatz- und Ergänzungsschulen. Ersatzschulen sind Schulen, die als Ersatz für eine im Land vorhandene, öffentliche Schule dienen sollen. Ergänzungsschulen sind Schulen, für die vergleichbare öffentliche Schulen i. d. R. nicht bestehen, und in denen der Schulpflicht nicht genüge getan werden kann (BVerfGE 27, 201). Durch diese Gründungsfreiheit ist auch die Institution „Privatschule" garantiert (BVerfGE 6, 355; 27, 200). Durch sie wird deutlich gemacht, daß der Staat in keiner Weise ein Schulmonopol innehat.

Satz 2–4 betreffen die Privatschulen, die „als Ersatz für öffentliche Schulen" dienen (BVerfGE 75, 62). Die Regelung des Vorbehalts in Bezug auf die Genehmigung einer solchen Schule soll sicherstellen, daß diese Schulen den öffentlichen Schulen gleichwertig sind und der Besuch einer solchen Schule als Erfüllung der Schulpflicht anzusehen ist.

2.5 Zulassung privater Volksschulen (Abs. V)

Aus Abs. V ergibt sich mittelbar, daß Volksschulen als Gemeinschaftsschulen, Bekenntnis- oder Weltanschauungsschulen eingerichtet werden können (BVerfGE 41, 46). Der Landesgesetzgeber ist bei der Wahl und der Ausgestaltung der jeweiligen Schulform grundsätzlich frei (BVerfGE 41, 86). Bei der Errichtung von privaten Volksschulen gelten die Vorschriften des Abs. IV S. 3, 4, da private Volksschulen Ersatzschulen der öffentlichen Volksschulen sind.

Artikel 8
(Versammlungsfreiheit)

(1) Alle Deutschen haben das Recht, sich ohne Anmeldung oder Erlaubnis friedlich und ohne Waffen zu versammeln.

(2) Für Versammlungen unter freiem Himmel kann dieses Recht durch Gesetz oder auf Grund eines Gesetzes beschränkt werden.

1. Bedeutung der Vorschrift

Diese Vorschrift wird im Schrifttum als Schutz für Meinungsbildung und Meinungsäußerung im demokratischen Staat bezeichnet. Sie wirkt als Ergänzung zu Art. 5, da sie den kollektiven Meinungsbildungs- und -kundgabeprozeß gewährleistet. Das Grundrecht richtet sich gegen den Staat, der die Versammlungsfreiheit zu achten hat. Ferner verpflichtet es den Staat, die Verhältnisse so zu gewährleisten, daß eine Grundrechtsausübung möglich ist.

2. Wesentliche Inhalte der Vorschrift

Artikel 8 garantiert das Grundrecht, Versammlungen unter bestimmten Voraussetzungen vorbereiten und abhalten zu können, sowie an solchen Versammlungen teilnehmen zu dürfen. Ferner garantiert dieses Grundrecht auch das Recht, Zeitpunkt, Ort, Art und Inhalt der Veranstaltung selbst zu bestimmen (BVerfGE 69, 343). Es gehören auch Veranstaltungen mit Demonstrationscharakter dazu, bei denen die Versammlungsfreiheit zum Zwecke plakativer oder aufsehenerregender Meinungskundgabe in Anspruch genommen wird (BVerfGE 69, 343). Für diese Fälle sind Art. 5 Abs. I Satz 1 und Art. 8 nebeneinander anwendbar (BVerfGE 82, 259, sowie Leibholz/Rinck/Hesselberger, RZ 1 ff.).

2.1 Allgemeine Versammlungsfreiheit (Abs. I)

Geltungsbereich des Art. 8 Abs. I sind öffentliche und nichtöffentliche Versammlungen, die in geschlossenen Räumen oder unter freiem Himmel stattfinden.

Grundrechtsträger sind Deutsche im Sinne des Grundgesetzes (Art. 116 Abs. I), einschließlich inländischer juristischer Personen i. S. des Art. 19 Abs. III.

Unter einer Versammlung i. S. von Art. 8 ist das Zusammensein von mindestens drei Personen zu verstehen (vgl. § 72 BGB), die sich zusammenfinden, um an einem gemeinsamen Ort zu einem gemeinsamen, gleichartigen Zweck gemeinschaftlich Kommunikation zu betreiben, Angelegenheiten zu erörtern oder eine gemeinsame Kundgebung zu veranstalten (Katz, RZ 765; zu Thema Personenanzahl siehe Maunz/Dürig/Herzog/Scholz, RZ 46 zu Art. 8).

Der Zusatz „ohne Anmeldung oder Erlaubnis" schränkt die staatlichen Hemmungsmöglichkeiten ein und macht somit auch die Abhaltung von nichtgeplanten, sogenannten Spontanversammlungen möglich (Seifert/Hörnig, RZ 4 zu Art. 8).

Das Waffenverbot des Abs. I erstreckt sich nicht nur auf den Veranstalter und seine Ordnungsorgane, sondern generell auf alle Versammlungsteilnehmer. Der Begriff der Waffe nach Art. 8 umfaßt nicht nur den technischen Begriff der Waffe, sondern geht wesentlich weiter. Waffen im technischen Sinne sind Gegenstände, die durch ihre Anfertigung oder ihren beabsichtigten Gebrauch dazu bestimmt sind, Verletzungen herbeizuführen. Art. 8 umfaßt jedoch auch Waffen im weiteren Sinn, wie Bierküge, Flaschen, Stuhlbeine, etc. Hierbei zählt das Vorhandensein solcher Gegenstände nicht allein, sonst wären alle Zusammenkünfte von Anfang an rechtswidrig, sondern der Vorsatz diese Sache auch als Waffe zu nutzen (siehe dazu mit weiteren Nachweisen Maunz/Dürig/Herzog/Scholz, RZ 52 f. zu Art. 8).

Eingriffe in die Versammlungsfreiheit sind nur zulässig, wenn gegen die Bedingungen des Art. 8 Abs. I verstoßen werden, also die Demonstration unfriedlich oder bewaffnet ist.

Unfriedlich ist eine Demonstration, wenn in oder durch sie Gewalt gegen Personen oder Sachen geübt, angedroht oder dazu aufgerufen wird. Die Gewalt muß sich nicht gegen Dritte, also nach außen richten, sondern sie kann auch in der Demonstration selbst auftreten (dazu: Maunz/Dürig/Herzog/Scholz, RZ 58 zu Art. 8).

2.2 Versammlungen unter freiem Himmel (Abs. II)

„Versammlungen unter freiem Himmel" sind Versammlungen, die nicht in geschlossenen Räumen, also wenigstens nach den Seiten hin durch Wände begrenzt sind. Durch ihre große potentielle Gefahr für den öffentlichen Frieden darf hier die Versammlungs- und Meinungsfreiheit durch Gesetz oder Verwaltungsakt (z. B. Bannmeilengesetz oder Gesetz zum Schutze des Olympischen Friedens) unmittelbar beschränkt werden. Bei diesen Entscheidungen muß einerseits zwischen den Grundrechten und andererseits den sonst zu schützenden Rechten wie Sicherheitsinteresse, etc. abgewogen werden.

Artikel 9
(Vereinsfreiheit, Koalitionsfreiheit)

(1) Alle Deutschen haben das Recht, Vereine und Gesellschaften zu bilden.

(2) Vereinigungen, deren Zwecke oder deren Tätigkeit den Strafgesetzen zuwiderlaufen oder die sich gegen die verfassungsmäßige Ordnung oder gegen den Gedanken der Völkerverständigung richten, sind verboten.

(3) Das Recht, zur Wahrung und Förderung der Arbeits- und Wirtschaftsbedingungen Ver-

einigungen zu bilden, ist für jedermann und für alle Berufe gewährleistet. Abreden, die dieses Recht einschränken oder zu behindern suchen, sind nichtig, hierauf gerichtete Maßnahmen sind rechtswidrig. Maßnahmen nach den Artikeln 12 a, 35 Abs. 2 und 3, Artikel 87 a Abs. 4 und Artikel 91 dürfen sich nicht gegen Arbeitskämpfe richten, die zur Wahrung und Förderung der Arbeits- und Wirtschaftsbedingungen von Vereinigungen im Sinne des Satzes 1 geführt werden.

1. Bedeutung der Vorschrift

In Art. 9 Abs. I kommt ein wesentliches Prinzip freiheitsstaatlicher Staatsgestaltung zum Ausdruck (BVerfGE 38, 303; 50, 353). Das Grundrecht ermöglicht es, sich mit anderen zu Vereinigungen, wie z.b. zu privatrechtlichen Vereinen oder Verbänden, zusammenzuschließen, weshalb es, wie auch Art. 5 Abs. I und Art. 8 GG, als kommunikatives Grundrecht angesehen wird. Art. 9 ist damit praktisch die Grundlage der pluralistischen Demokratie.

2. Wesentliche Inhalte der Vorschrift

Art. 9 enthält zwei Grundrechte. Zum einen die allgemeine Vereinigungsfreiheit gem. Art. 9 Abs. I, zum anderen die Koalitionsfreiheit, die es ermöglicht, sich zu Arbeitgeberverbänden bzw. zu Gewerkschaften zusammenzuschließen (Art. 9 Abs. 3).

2.1 Vereinsfreiheit (Abs. I)

Grundrechtsträger sind alle Deutschen i.S. des Art. 116 Abs. I, sowie inländische juristische Personen i.S. des Art. 19 Abs. III, denen durch die Vorschrift das Recht gegeben ist, sich zu Vereinen zusammenzuschließen. Da dieses Recht jedoch ohne eine Bestandsgarantie der Vereine selbst nicht wirksam werden kann bzw. leerliefe, besteht die Vereinsfreiheit als Doppelgrundrecht für den einzelnen Bürger und den Verein selbst. Zugleich umfaßt das Recht auch die negative Vereinsfreiheit, also das Grundrecht, jeder Vereinigung fernbleiben zu dürfen.

Das Recht aus Art. 9 Abs. I schützt die Freiheit des Beitritts und der Vereinigung selbst nur, soweit es sich um privatrechtliche Vereinigungen handelt. Die Zwangsmitgliedschaft in juristischen Personen des öffentlichen Rechts (z.B.: Wasser- und Bodenverbände, Handwerks- oder Industrie- und Handelskammern, Ärztekammern, Rechtsanwaltskammern) wird demgegenüber von Art. 9 Abs. I nicht ausgeschlossen (BVerfGE 10,102; 38, 298).

Dementsprechend schließt Art. 9 Abs. I auch den Zwang bei Verbänden aus, Mitglieder aufnehmen zu müssen. Allerdings wird hier darauf geachtet werden müssen, um welche Art von Verbänden es sich handelt. Besteht z.B. ein Monopolverband, wird er interessierte Bürger und Vereinigungen aufnehmen müssen (z.B. bundesweite Sportverbände, ohne deren Mitgliedschaft an Wettbewerben nicht teilgenommen werden kann). Gleiche Folgen müssen auch eintreten, wenn ein Verband im wirtschaftlichen oder sozialen Bereich eine entsprechende Stellung genießt und der Beitrittswillige ein schwerwiegendes Interesse geltend machen kann (BGHZ 63, 282; 93, 151).

Aus Art. 9 Abs. II folgt die maßgebliche Eingrenzung der Vereinigungsfreiheit. Die Vorschrift macht deutlich, daß das Recht nur von dem geltend gemacht werden kann, der sich einer erlaubten Vereinigung anschließen will. Ein solches Verbot folgt allerdings nicht aus der Verfassung selbst, sondern erfordert behördliches Handeln und einen daraus sich ergebenden verbietenden Bescheid.

2.2 Koalitionsfreiheit

Mit Art. 9 Abs. III eröffnet das Grundgesetz die Bildung von Gewerkschaften und Arbeitgeberverbänden, um im Verein mit dem sozialen Gegenspieler das Arbeitsleben zu ordnen und zu befrieden (BVerfGE 18, 27). Dieses Recht umfaßt die Freiheit zum Zusammenschluß, die Freiheit der gemeinsamen Zweckverfolgung durch die Mitglieder im Rahmen von Tarifverhandlungen und Tarifabschluß sowie Arbeitskampf, die Gründungs- und Beitrittsfreiheit, die Freiheit zum Austritt, die negative Koalitionsfreiheit, den Schutz des Bestandes der Koalitionen und die vernichtende Drittwirkung auf private Abreden gegen die Koalitionsfreiheit (BVerfG, NJW 1991, 2549). Damit wird dem Gesetzgeber allerdings nicht die Möglichkeit genommen, die Koalitionsfreiheit im einzelnen näher gestalten und regeln zu können (BVerfG, NJW 1979, 699).

Dieser Schutz gilt jedoch nur für solche Vereinigungen, die auch den Begriff der Koalitionen i.S. des Art. 9 Abs. III erfüllen. Danach muß es die satzungsgemäße Aufgabe einer Vereinigung von Arbeitgebern oder Arbeitnehmern sein, Arbeits- und Wirtschaftsbedingungen zu verbessern. Die Vereinigung muß frei und privatrechtlich gebildet, mitgliedschaftlich organisiert, unabhängig von Staat, Kirche oder Parteien, frei von Einflüssen des Gegenspielers und dauerhaft organisiert sein. Die interne Organisation unterliegt der eigenen Autonomie, jedoch ist von einer demokratischen Organisation auszugehen, die das geltende Tarifrecht anerkennt und auch mächtig genug ist, Forderungen durchzusetzen (BVerfG, NJW 1970, 1635 und 1979, 699). Die Bereitschaft zum Arbeitskampf, wie sie das BAG im Rahmen des Tarifvertragsrechts fordert, ist nicht Bestandteil der Voraussetzungen des Art. 9 Abs. III (BVerfG, NJW 1964, 1267).

Artikel 10

(Postgeheimnis)

(1) Das Briefgeheimnis sowie das Post- und Fernmeldegeheimnis sind unverletzlich.

(2) Beschränkungen dürfen nur auf Grund eines Gesetzes angeordnet werden. Dient die Beschränkung dem Schutze der freiheitlichen demokratischen Grundordnung oder des Bestandes oder der Sicherung des Bundes oder eines Landes, so kann das Gesetz bestimmen, daß sie dem Betroffenen nicht mitgeteilt wird und daß an die Stelle des Rechtsweges die Nachprüfung durch von der Volksvertretung bestellte Organe und Hilfsorgane tritt.

1. Bedeutung der Vorschrift

Art. 10 des Grundgesetzes ist eine Ergänzung des Art. 5 und des Art. 1 Abs. I und soll die Vertraulichkeit und die Geheimhaltung von persönlichen Nachrichten innerhalb aller heute angewendeten Kommunikationsmittel sicherstellen, da nur so gewährleistet werden kann, daß persönliche Nachrichten nicht an die breite Öffentlichkeit gelangen.

2. Wesentliche Inhalte der Vorschrift

Art. 10 schützt die räumlich erweiterte private, sowie die geschäftliche Privatsphäre i. S. eines Korrespondenzgeheimnisses (Katz, RZ 777). Als klassisches, liberales Abwehrrecht garantiert er Freiheit und Schutz des Kommunikationsinhalts und des -vorgangs (BVerfGE 85, 368, 395 f.). Dieses Grundrecht schützt nur gegen den Staat, nicht gegen Privatpersonen, da diese sich aus §§ 201 f., 354, 355 StGB strafbar machen. Die Spezifizierung in Brief-, Post- und Fernmeldegeheimnis geht auf die stufenweise, historische Entwicklung der Kommunikationsmittel zurück.

Grundrechtsträger ist jedermann, Deutsche wie Ausländer (BGHSt 20, 382), sowie private inländische juristische Personen gemäß Art. 19 Abs. III.

2.1 Das Briefgeheimnis (Abs. I)

Das Briefgeheimnis schützt den Nachrichtenverkehr einzelner Personen untereinander, der mit Hilfe des Kommunikationsmittels Brief abläuft und nicht vom Postgeheimnis erfaßt wird (außerpostalischer Briefverkehr) vor Kenntnisnahme durch die öffentliche Gewalt (BVerfGE 33, 11; 67, 171). Ein Brief wird als eine den mündlichen Verkehr ersetzende schriftliche Nachricht in beliebiger Schrift- und Vervielfältigungsart und in geschlossener Form (Maunz/Dürig/Herzog/Scholz, RZ 13 zu Art. 10) definiert.

2.2 Das Postgeheimnis (Abs. I)

Der Schutzbereich des Postgeheimnisses umfaßt den gesamten Verkehr, der durch die Post übermittelt wird (Maunz/Dürig/Herzog/Scholz, RZ 15 zu Art. 10). Der Schutz dauert von der Einlieferung des Briefes bei der Post bis zur Ablieferung des Briefes beim Empfänger (Pieroth/Schlink, RZ 832 f.) Dabei wird nicht nur der Inhalt der Sendung und Information geschützt, sondern auch die Tatsache der Übermittlung, die Person des Empfängers und des Absenders und ähnliches (BVerfGE 67, 157; Katz, RZ 778).

2.3 Das Fernmeldegeheimnis (Abs. I)

Das Fernmeldegeheimnis schützt jede Kommunikation, die mit Hilfe von drahtlosen oder drahtgebundenen elektromagnetischen Wellen stattfindet.

Artikel 11
(Freizügigkeit)

(1) Alle Deutschen genießen Freizügigkeit im ganzen Bundesgebiet.

(2) Dieses Recht darf nur durch Gesetz oder auf Grund eines Gesetzes und nur für die Fälle eingeschränkt werden, in denen eine ausreichende Lebensgrundlage nicht vorhanden ist und der Allgemeinheit daraus besondere Lasten entstehen würden oder in denen es zur Abwehr einer drohenden Gefahr für den Bestand oder die freiheitliche demokratische Grundordnung des Bundes oder eines Landes, zur Bekämpfung von Seuchengefahr, Naturkatastrophen oder besonders schweren Unglücksfällen, zum Schutze der Jugend vor Verwahrlosung oder um strafbaren Handlungen vorzubeugen, erforderlich ist.

1. Bedeutung der Vorschrift

Das Grundrecht des Art. 11 gewährleistet, daß jeder Deutsche ein Zu- und Wegzugsrecht hat. Verfassungsgeschichtlich wird dieses Grundrecht als Überwindung des „cuius regio, eius religio" verstanden (Maunz/Dürig/Herzog/Scholz, RZ 4 zu Art. 11). Wertesystematisch wird dieses Grundrecht aus der Überlegung hergeleitet, daß jeder die Möglichkeit haben muß, auszuweichen, wenn es für ihn an einem Platz unerträglich ist (Maunz/Dürig/Herzog/Scholz, RZ 1 zu Art. 11).

2. Wesentliche Inhalte der Vorschrift

2.1 Schutzbereich der Norm (Abs. I)

Grundrechtsträger dieser Norm sind Deutsche i.S. von Art. 116 Abs. I GG, heute alle EU-Bürger.

Der Schutzbereich dieser Norm erfaßt die Freizügigkeit im ganzen Bundesgebiet. Die Freizügigkeit ist das Recht des Zugangs und des Aufenthalts, also das Recht, an jedem Ort im Bundesgebiet Aufenthalt und Wohnsitz zu nehmen und in die Bundesrepublik einzureisen (BVerfGE 2, 273; 43, 211; 76, 47). Dabei wird auch die Mitnahme der persönlichen Habe berücksichtigt (Pieroth/Schlink, RZ 864 f.). Ferner wird auch das Recht des Verbleibens an diesem Wohnort, also das Nicht-Wegziehen-Müssen garantiert (Maunz/Dürig/Herzog/Scholz, RZ 39 zu Art. 11). Allerdings wird durch die Freizügigkeit des Art. 11 GG nicht die Ausreisefreiheit garantiert (Pieroth in JuS 1985, 81; Pieroth/Schlink, RZ 862; BVerfGE 6, 32, 35 f.), da diese in den Schutzbereich der allgemeinen Handlungsfreiheit des Art. 2 Abs. I fällt (BVerfGE 6, 34ff.).

2.2 Beschränkungen des Freizügigkeitsrechts (Abs. II)

Durch die Aufzählung des Notstands-, Gefahren-, Jugendschutz- und Kriminalvorbehalts enthält Art. 11 Abs. II einen qualifizierten Gesetzesvorbehalt, der nach herrschender Auffassung nur durch förmliches Gesetz ausgefüllt werden kann (Kunig, Jura 1990, 306, 311).

Durch diesen qualifizierten Gesetzesvorbehalt hat der Gesetzgeber die Möglichkeit, das Grundrecht der Freizügigkeit durch oder aufgrund eines Gesetzes in den dort abschließend aufgeführten Fällen einzuschränken (Pieroth/Schlink, RZ 869; (Katz, RZ 786). Dabei muß jedoch die Einschränkung verhältnismäßig zu der zu bekämpfenden Gefahr sein (BVerfGE 2, 280).

Artikel 12

(Berufsfreiheit)

(1) Alle Deutschen haben das Recht, Beruf, Arbeitsplatz und Ausbildungsstätte frei zu wählen. Die Berufsausübung kann durch Gesetz oder auf Grund eines Gesetzes geregelt werden.

(2) Niemand darf zu einer bestimmten Arbeit gezwungen werden, außer im Rahmen einer herkömmlichen allgemeinen, für alle gleichen öffentlichen Dienstleistungspflicht.

(3) Zwangsarbeit ist nur bei einer gerichtlich angeordneten Freiheitsentziehung zulässig.

1. Bedeutung der Vorschrift

Art. 12 gewährleistet die Freiheit der beruflichen Betätigung, d.h. die Vorschrift garantiert die Freiheit der Berufswahl und auch die der Berufsausübung. Damit gestaltet Art. 12 letztlich das gesamte Leben der Bürger (BAGE 13, 174). In der Vorschrift kann keine Begrenzung auf bestimmte Berufe oder nur als solche bezeichnete erkannt werden, das „Berufsfindungsrecht" steht dem Bürger ebenfalls zu (BVerfGE 32, 36). Indes sind die beiden Rechte nicht unbeschränkt. Sie stehen vielmehr unter dem Regelungsvorbehalt des Abs. 1 Satz 2 (BVerfGE 7, 403).

2. Wesentliche Inhalte der Vorschrift

2.1 Geltungsbereich

Art. 12 ist als Grundrecht für Deutsche formuliert. Im Rahmen der Entwicklung zur Europäischen Union ist diese Geltung jedoch zu eingegrenzt. Das Recht gilt aufgrund des EWG-Vertrages auch für alle Bürger der Mitgliedstaaten der EU. Beredter Ausdruck dessen ist der in der gesamten EU geltende freie Personen- und Dienstleistungsverkehr, der es den EU-Bürgern ermöglicht, in jedem Mitgliedsstaat beruflich tätig zu sein.

2.2 Eingriffskompetenzen

Um den Regelungsvorbehalt des Abs. I Satz 2 ausschöpfen zu können, bedarf es bestimmter Voraussetzungen, die das BVerfG (E 7, 377 ff.) in einer 3-Stufen-Theorie erläutert hat:

2.2.1 – 1. Stufe: Reine Berufsausübungsregelungen sind zulässig, wenn vernünftige Überlegungen des allgemeinen Wohls diese rechtfertigen. Darunter sind auch Zweckmäßigkeitsüberlegungen zu verstehen. Insonderheit geht es hier um die Regelungen und Auflagen, mit denen die Allgemeinheit vor Gefahren oder Nachteilen geschützt werden soll, z.b. durch Ladenschlußzeiten (BVerfGE 13, 240), Preisauszeichnungen (BVerfGE 6, 123) oder die Einschränkung der von einer Apotheke zu vertreibenden Arzneimittel (BVerfGE 17, 232), Begrenzung von Werbung (BVerfG, DVBl 1993, 716).

2.2.2 – 2. Stufe: Subjektive Zulassungsvoraussetzungen läßt das BVerfG zu, wenn sie zum Schutz eines wichtigen Gemeinschaftsgutes erforderlich sind. Damit wird eine Eingriffskompetenz für den Nachweis von Kenntnissen oder Qualifikationen, von persönlichen Eigenschaften oder Fertigkeiten eröffnet. Daß dies nur bei wichtigen Gemeinschaftswerten zulässig ist, schließt auch Gemeinschaftsinteressen ein (BVerfGE 19, 337). Damit sind nicht nur der sog. Große Befähigungsnachweis (Meisterprüfung) im Handwerk zulässige subjektive Zulassungsvoraussetzung für das selbständige Ausüben eines Handwerks (BVerfGE 13, 97), sondern auch die Zuverlässigkeit des Betreibers im Einzelhandel oder bei Gaststätten (BVerfGE 19, 337).

2.2.3 – 3. Stufe: Objektive Zulassungsvoraussetzungen sind nur zulässig, wenn es um die Abwehr nachweisbarer oder höchstwahrscheinlicher schwerer Gefahren für ein überragend wichtiges Gemeinschaftsgut geht (BVerfGE 7, 408). Mit dieser Begrenzung läßt das BVerfG im besonderen Fall auch die Erfüllung von Voraussetzungen zu, die vom Berufsbewerber nicht beeinflußbar sind.

Mit diesen Eingriffskompetenzen steht allerdings dem Gesetzgeber nur ein Handlungskatalog zur Verfügung, dessen Auswahl unter dem Gesichtspunkt der Verhältnismäßigkeit vorzunehmen ist. Immer nur die den Bürger am wenigsten beeinträchtigende Regelung ist zulässig, soweit der erstrebte Zweck damit erreicht werden kann (BVerfG, BB 1972, 1380).

2.3 Zwang zur Arbeit

Zur Arbeit darf niemand gezwungen werden. Das Grundgesetz schützt damit jedoch nur vor staatlichem Zwang. Eine privatrechtliche Verpflichtung bleibt, ggfs. aufgrund eines Vertrages, immer zu erfüllen und kann auch eingeklagt werden.

Die Zielsetzung der Abs. II und III ist es, den Bürger vor staatlichem Arbeitszwang zu schützen, läßt aber den Zwang innerhalb des Vollzugs von Freiheitsstrafen zu. Auch die Möglichkeit, den Bezug von Sozialhilfe von Arbeitsleistungen abhängig zu machen, ist zulässig, da sie die Arbeit nicht erzwingen (BVerwG 11, 253).

Ausgenommen von diesem Schutz bleiben allerdings die für alle geltenden Vorschriften einer allgemeinen Dienstpflicht, z.B. Wehr-, Zivil- oder Ersatzdienst.

Artikel 12 a
(Verpflichtungen zu öffentlichen Dienstleistungen)

(1) Männer können vom vollendeten achtzehnten Lebensjahr an zum Dienst in den Streitkräften, im Bundesgrenzschutz oder in einem Zivilschutzverband verpflichtet werden.

(2) Wer aus Gewissensgründen den Kriegsdienst mit der Waffe verweigert, kann zu einem Ersatzdienst verpflichtet werden. Die Dauer des Ersatzdienstes darf die Dauer des Wehrdienstes nicht übersteigen. Das Nähere regelt ein Gesetz, das die Freiheit der Gewissensentscheidung nicht beeinträchtigen darf und auch eine Möglichkeit des Ersatzdienstes vorsehen muß, die in keinem Zusammenhang mit den Verbänden der Streitkräfte und des Bundesgrenzschutzes steht.

(3) Wehrpflichtige, die nicht zu einem Dienst nach Absatz 1 oder 2 herangezogen sind, können im Verteidigungsfalle durch Gesetz oder auf Grund eines Gesetzes zu zivilen Dienstleistungen für Zwecke der Verteidigung einschließlich des Schutzes der Zivilbevölkerung in Arbeitsverhältnisse verpflichtet werden; Verpflichtungen in öffentlich-rechtliche Dienstverhältnisse sind nur zur Wahrnehmung polizeilicher Aufgaben oder solcher hoheitlichen Aufgaben der öffentlichen Verwaltung, die nur in einem öffentlich-rechtlichen Dienstverhältnis erfüllt werden können, zulässig. Arbeitsverhältnisse nach Satz 1 können bei den Streitkräften, im Bereich ihrer Versorgung sowie bei der öffentlichen Verwaltung begründet werden; Verpflichtungen in Arbeitsverhältnisse im Bereiche der Versorgung der Zivilbevölkerung sind nur zulässig, um ihren lebensnotwendigen Bedarf zu decken oder ihren Schutz sicherzustellen.

(4) Kann im Verteidigungsfalle der Bedarf an zivilen Dienstleistungen im zivilen Sanitäts- und Heilwesen sowie in der ortsfesten militärischen Lazarettorganisation nicht auf freiwilliger Grundlage gedeckt werden, so können Frauen vom vollendeten achtzehnten bis zum vollendeten fünfundfünfzigsten Lebensjahr durch Gesetz oder auf Grund eines Gesetzes zu derartigen Dienstleistungen herangezogen werden. Sie dürfen auf keinen Fall Dienst mit der Waffe leisten.

(5) Für die Zeit vor dem Verteidigungsfalle können Verpflichtungen nach Absatz 3 nur nach Maßgabe des Artikels 80 a Abs. 1 begründet werden. Zur Vorbereitung auf Dienstleistungen nach Absatz 3, für die besondere Kenntnisse oder Fertigkeiten erforderlich sind, kann durch Gesetz oder auf Grund eines Gesetzes die Teilnahme an Ausbildungsveranstaltungen zur Pflicht gemacht werden. Satz 1 findet insoweit keine Anwendung.

(6) Kann im Verteidigungsfalle der Bedarf an Arbeitskräften für die in Absatz 3 Satz 2 genannten Bereiche auf freiwilliger Grundlage nicht gedeckt werden, so kann zur Sicherung dieses Bedarfs die Freiheit der Deutschen, die Ausübung eines Berufs oder den Arbeitsplatz aufzugeben, durch Gesetz oder auf Grund eines Gesetzes eingeschränkt werden. Vor Eintritt des Verteidigungsfalles gilt Absatz 5 Satz 1 entsprechend.

1. Bedeutung der Vorschrift

Art. 12 a stellt die Grundlage für die Einführung von öffentlichen Dienstleistungspflichten jeder Art dar. Die Vorschrift eröffnet die Möglichkeit, derartige Leistungen dem Staatsbürger abzuverlangen, erlegt jedoch keine Verpflichtung dazu auf, so daß eine verfassungsmäßige Verpflichtung zum Wehrdienst nicht besteht (BVerfGE 48, 160).

2. Wesentliche Inhalte der Vorschrift

2.1 Wehrpflicht

Abs. I beschränkt zulässigerweise die Wehrpflicht auf Männer (BVerfGE 12, 52) und enthält die verfassungsmäßige Grundentscheidung für eine militärische Verteidigung der Bundesrepublik (BVerfGE 69, 21).

2.2 Ersatzdienst

Abs. II eröffnet den Wehrpflichtigen, die aus Gewissensgründen keinen Dienst mit der Waffe leisten können die Möglichkeit, einen Ersatzdienst zu leisten. Dies gilt, auch wenn das Grundgesetz grundsätzlich die Wehrdienstleistung verlangt (BVerfGE 48, 165).

2.3 Zivile Dienstleistungen

Im Verteidigungsfall (Art. 115 a Abs. I) können nicht nach Abs. I oder II herangezogene Wehrpflichtige in privatrechtliche Arbeitsverhältnisse verpflichtet werden, wenn der lebensnotwendige Bedarf sichergestellt werden muß und ohne diese Verpflichtungen eine solche Sicherstellung in Frage gestellt ist. Die Vorschrift ist eine Ausnahmeregelung und deshalb regelmäßig eng auszulegen. Die Verpflichtung in öffentlich-rechtliche Dienstverhältnisse wird nur in den Fällen zugelassen, wo die Erfüllung der Aufgaben gerade dieses Rechtsverhältnis wegen des hoheitlichen Handelns erfordert (Polizei, spezielle Verwaltungsaufgaben).

2.4 Heranziehung von Frauen

Die Heranziehung von Frauen zu Dienstleistungen i.S. der Abs. I–III sind nur im Verteidigungsfall zulässig und wenn der Bedarf an Dienstleistenden nicht gedeckt werden kann. Eine Heranziehung zum Dienst mit der Waffe ist generell ausgeschlossen.

2.5 Spannungsfall

Zu zivilen Dienstleistungen ist eine Heranziehung nach Abs. III bereits zulässig, wenn der Spannungsfall (Art. 80 a) festgestellt ist.

2.6 Grundrechtseinschränkung

Abs. VI enthält die ausdrückliche Möglichkeit, die dort genannten Grundrechte einzuschränken. Damit eröffnet Abs. VI ein Festhalten bereits Berufstätiger an ihren Arbeitsplätzen, falls der Bedarf nicht durch Freiwillige gedeckt werden kann.

Artikel 13
(Unverletzlichkeit der Wohnung)

(1) Die Wohnung ist unverletzlich.

(2) Durchsuchungen dürfen nur durch den Richter, bei Gefahr im Verzuge auch durch die in den Gesetzen vorgesehenen anderen Organe angeordnet und nur in der dort vorgeschriebenen Form durchgeführt werden.

(3) Eingriffe und Beschränkungen dürfen im übrigen nur zur Abwehr einer gemeinen Gefahr oder einer Lebensgefahr für einzelne Personen, auf Grund eines Gesetzes auch zur Verhütung dringender Gefahren für die öffentliche Sicherheit und Ordnung, insbesondere

zur Behebung der Raumnot, zur Bekämpfung von Seuchengefahr oder zum Schutze gefährdeter Jugendlicher vorgenommen werden.

1. Bedeutung der Vorschrift

Art. 13 garantiert die Unverletzlichkeit der Wohnung und hat als lex specialis gegenüber Art. 1 sowie Art. 2 Abs. I GG Vorrang (BVerfGE 51, 105). Art. 13 Abs. I ist ein klassisches Abwehrrecht gegen die öffentliche Gewalt, und soll primär nicht den persönlichen, sondern den sächlichen Lebensbereich schützen. Sinn dieser Norm ist es, die „räumliche Privatsphäre" zu schützen (BVerfGE 32, 54, 72; 65, 1, 40), und jedem das Recht einzuräumen, in Ruhe gelassen zu werden (BVerfGE 51, 97, 110).

2. Wesentliche Inhalte der Vorschrift

2.1 Unverletzlichkeit der Wohnung (Abs. I)

Grundrechtsträger des Art. 13 Abs. I sind neben allen natürlichen Personen auch juristische Personen und Personenvereinigungen, insofern sie berechtigterweise Inhaber von Wohnungen sind (BVerfGE 32, 54, 72; 42, 212, 219). Art. 13 schützt die Wohnung als Frei- und Heimstätte jeder Person (Ausländer, juristische Personen, Deutsche). Der Begriff der „Wohnung" aus Art. 13 Abs. I ist weit auszulegen (BVerfGE 32, 69ff.; 42, 219; 44, 371; 76, 88). Der Schutz des Art. 13 Abs. I GG bezieht sich auf einen räumlichen Bezirk, also auch auf Keller, Garagen, Innenhöfe, Campingwagen, Zelte, Yachten, Gast- und Hotelzimmer, etc. (Maunz/Dürig/Herzog/Scholz, RZ 4 zu Art. 13); ferner auch Arbeits-, Betriebs- und Geschäftsräume (BVerfGE 32, 68; 44, 371), in dem jeder einzelne ungestört tun und lassen kann, was er möchte (Katz, RZ 808). Der Schutz bezieht sich also nicht auf das Besitzrecht an der Wohnung, sondern auf deren Privatheit (Leibholz/Rinck/ Hesselberger, RZ 13 zu Art. 13). Ein Verzicht auf den Schutz des Art. 13 ist möglich, wodurch eine „Verletzung" unmöglich wird (Seifert/Hörnig, RZ 5 zu Art. 13).

2.2 Durchsuchungen (Abs. II)

Art. 13 Abs. I regelt als lex specialis ausschließlich, unter welchen Kriterien Durchsuchungen verfassungsrechtlich zulässig und rechtmäßig sind. Unter einer Durchsuchung versteht man das ziel- und zweckgerichtete Suchen staatlicher Organe nach Personen oder Sachen oder zur Ermittlung eines Sachverhalts, um etwas aufzuspüren, was der Inhaber der Wohnung von sich aus nicht offenlegen oder herausgeben will (BVerfGE 28, 287 ff.; 47, 36; 76, 89; Leibholz/Rinck/Hesselberger, RZ 21 zu Art. 13). Durchsuchungen sind durch zwei Handlungselemente gekennzeichnet, nämlich das Betreten einer Wohnung und die Durchsuchungshandlungen in derselben (BVerfGE 76, 83, 89). Grundsätzlich sind Durchsuchungen nur durch richterlichen Beschluß zulässig, sofern nicht in der StPO, ZPO, oder dem Verwaltungsvollstreckungsgesetz entsprechende Maßnahmen aufgrund anderer bzw. zusätzlicher Kriterien zugelassen sind.

2.3 Eingriffe und Beschränkungen (Abs. III)

Art. 13 Abs. III regelt die Rechtmäßigkeit und Zulässigkeit von Eingriffen und Beschränkungen, die keine Durchsuchungen i. S. des Abs. II sind (BVerfGE 32, 73). Nach der Rechtsprechung des Bundesverfassungsgerichts ist Art. 13 Abs. III unterschiedlich, je nach Schutzintensität, auszulegen. Dies rührt daher, daß der Begriff der Wohnung sehr weit zu verstehen ist, es allerdings Unterschiede hinsichtlich der Privatsphäre eines Raumes gibt (Katz,

RZ 811). Bei Wohnräumen im engeren Sinn muß Abs. III streng ausgelegt werden, da sich die strenge Begrenzung der zulässigen Eingriffe auf die grundsätzliche unbedingte Achtung der Privatsphäre des Bürgers bezieht. In diesen Räumen hat jeder das Recht in „Ruhe gelassen zu werden", wodurch das Grundrecht in diesem Fall seine volle Wirkung hat (BVerfGE 32, 75; 27, 6; 75, 328). Geschäfts- und Betriebsräume haben schon durch ihre Zweckbestimmung eine größere Offenheit, da sie der sozialen Kontaktaufnahme dienen. Der Eigentümer der Räume entläßt sie damit zu einem gewissen Teil aus seiner Intimsphäre (Leibholz/Rinck/Hesselberger, RZ 62 zu Art. 13).

2.4 Eingriffe und Beschränkungen zur Abwehr einer gemeinen Gefahr, bzw. einer Lebensgefahr für eine einzelne Person (Abs. III)

Nach Art. 13 Abs. III, 1. Hbs. dürfen Eingriffe in die Wohnungsfreiheit „zur Abwehr einer gemeinen Gefahr oder einer Lebensgefahr für einzelne Personen" vorgenommen werden. Der Sache nach handelt es sich hierbei um eine verfassungsimmanente Schranke des Grundrechts.

Gefahrenabwehr bedeutet hierbei allerdings nicht nur eine bereits eingetretene Gefahr, sondern gilt auch für eine Gefahr, die unmittelbar bevorsteht. Eine gemeine Gefahr besteht dann, wenn eine Gefahr für eine Vielzahl von Personen oder Sachen besteht, wie z.B. durch Überschwemmungen, Explosionen, Lawinenkatastrophen (Maunz/Dürig/Herzog/Scholz, RZ 19 zu Art. 13).

2.4 Eingriffe und Beschränkungen zur Verhütung dringender Gefahren für die öffentliche Sicherheit und Ordnung

Unter dringender Gefahr i.S. des Art. 13 Abs. III ist eine Sachlage oder ein Verhalten zu verstehen, deren ungehinderter Verlauf – objektiv betrachtet – zur Schädigung oder Beeinträchtigung eines wichtigen Rechtsgutes mit hinreichender Wahrscheinlichkeit führen würde (BVerwGE 47, 40). Auch in diesem Fall muß die Gefahr nicht schon eingetreten sein, sondern es genügt, daß eine solche Grundrechtsbeschränkung dafür sorgt, daß eine solche Gefahr bezüglich der öffentlichen Ordnung nicht eintreten kann (BVerfGE 17, 251 f.).

Artikel 14
(Eigentumsgarantie)

(1) Das Eigentum und das Erbrecht werden gewährleistet. Inhalt und Schranken werden durch die Gesetze bestimmt.

(2) Eigentum verpflichtet. Sein Gebrauch soll zugleich dem Wohle der Allgemeinheit dienen.

(3) Eine Enteignung ist nur zum Wohle der Allgemeinheit zulässig. Sie darf nur durch Gesetz oder auf Grund eines Gesetzes erfolgen, das Art und Ausmaß der Entschädigung regelt. Die Entschädigung ist unter gerechter Abwägung der Interessen der Allgemeinheit und der Beteiligten zu bestimmen. Wegen der Höhe der Entschädigung steht im Streitfalle der Rechtsweg vor den ordentlichen Gerichten offen.

1. Bedeutung der Vorschrift

Art. 14 ist die zentrale Vorschrift der Eigentumsverfassung, die sowohl von eminenter allgemeiner wie auch wirtschaftsverfassungsrechtlicher Bedeutung ist. Hervorzuheben ist der dynamische Charakter der Vorschrift, wie er durch Abs. I Satz 2 und Abs. II zum Ausdruck kommt. Hierin kann allerdings keine Verkürzung des Eigentums- und des Erbrechts gesehen werden. Soweit in die Garantie eingegriffen wird, auch wenn es sich dabei um eine Inhaltsbestimmung handelt, sind die Inhalte und Ziele zu einem verhältnismäßigen Ausgleich zu bringen (BVerfGE 50, 340).

2. Wesentliche Inhalte der Vorschrift

2.1 Eigentum und Erbrecht

Abs. I schützt die Privatnützigkeit des Eigentums und sichert einen Freiheitsraum, der dem Bürger die freie Gestaltung seines Lebens ermöglichen soll. Anders als der bürgerlich-rechtliche Begriff erfaßt der Eigentumsbegriff des Art. 14 auch Forderungen und andere vermögenswerte Rechte (z.b. auch das Recht am eingerichteten und ausgeübten Gewerbebetrieb als einer Sach- und Rechtsgesamtheit). Allerdings muß es sich dabei im Regelfall um private Rechte handeln, subjektive öffentliche Rechte sind nur im Ausnahmefall geschützt, nämlich dann, wenn sie ihrem Inhaber eine dem Eigentümer vergleichbare Position verschaffen (z.b. Renten- oder Versicherungsanwartschaften aus der gesetzlichen Rentenversicherung – BVerfGE 53, 257; Rückzahlung zuviel gezahlter Steuern – BVerfGE 70 285). Nicht wird dagegen eine staatliche Geldwertgarantie aus Art. 14 abgeleitet werden können (BVerfGE 50, 104).

2.2 Inhalts- und Schrankenbestimmung, Sozialbindung

Bei Bestimmung von Inhalt und Schranken gemäß Abs. I Satz 2 ist der Gesetzgeber nicht absolut frei. Er hat die Belange der Allgemeinheit, aber auch die des Einzelnen zu berücksichtigen und abzuwägen (BVerfGE 58, 114).

Im Rahmen der Sozialbindung ergeben sich deutliche Beschränkungen insbesondere bei der Eigentumsnutzung. Sie hat so zu erfolgen, daß auch die sozialen Belange der Allgemeinheit ihre Berücksichtigung finden, so ist z.b. im Bereich des Grundeigentums die Beschränkung im Rahmen von Wohnungsmietverhältnissen zulässig, solange dem Eigentümer die Fortsetzung von Mietverhältnissen nicht bis zum wirtschaftlichen Zusammenbruch zugemutet wird (BVerfGE 79, 289; 81, 31).

2.3 Enteignung

Zum Wohle der Allgemeinheit kann nach Abs. III Eigentum entzogen werden, wenn zugleich auch die Frage der Entschädigung geregelt ist. Dies kann z.b. zum Zweck der Trassierung von Energieversorgungsleitungen oder von Straßen erforderlich werden.

Soweit Eingriffe stattfinden, die nicht unmittelbar als Enteignung gezielt vorgenommen worden sind, aber eine dementsprechende Wirkung haben, spricht man von enteignenden oder enteignungsgleichen Eingriffen, wobei letzterer zugleich auch rechtswidrig ist. Beide Eingriffe verpflichten die staatlichen Behörden jedoch ebenfalls zu Entschädigungen nach Enteignungsgrundsätzen. Rechtsgrundlage hierfür – wie im übrigen auch für die Aufopferung von Gesundheit – ist die gewohnheitsrechtliche Anwendung der §§ 74, 75 Einl. Preuß. ALR.

Artikel 15

(Sozialisierung)

Grund und Boden, Naturschätze und Produktionsmittel können zum Zwecke der Vergesellschaftung durch ein Gesetz, das Art und Ausmaß der Entschädigung regelt, in Gemeineigentum oder in andere Formen der Gemeinwirtschaft überführt werden. Für die Entschädigung gilt Artikel 14 Absatz 3 Satz 3 und 4 entsprechend.

Bedeutung der Vorschrift

Durch Art. 15 GG wird dem Gesetzgeber die Möglichkeit eingeräumt, Grund und Boden, Naturschätze sowie Produktionsmittel in Gemeineigentum oder Formen der Gemeinwirtschaft zu überführen. Diese Möglichkeit besteht jedoch nicht als Verpflichtung. Es liegt hier eine Ermächtigung des Gesetzgebers vor, von der er nicht Gebrauch machen muß. Er ist auch nicht gehalten, Maßnahmen zu unterlassen, die eine künftige Sozialisierung erschweren könnten. Auch sozialisierte oder erwerbswirtschaftliche Unternehmen des Staates können reprivatisiert werden (BVerfGE 12, 354, 363 f.).

Artikel 16

(Deutsche Staatsangehörigkeit)

(1) Die deutsche Staatsangehörigkeit darf nicht entzogen werden. Der Verlust der Staatsangehörigkeit darf nur auf Grund eines Gesetzes und gegen den Willen des Betroffenen nur dann eintreten, wenn der Betroffene dadurch nicht staatenlos wird.

(2) Kein Deutscher darf an das Ausland ausgeliefert werden.

1. Bedeutung der Vorschrift

Art. 16 regelt, anders als die Verfassung der Weimarer Republik, die Fragen betreffend des Verlustes, bzw. der Entziehung der deutschen Staatsbürgerschaft ausschließlich.

2. Wesentliche Inhalte der Vorschrift

Art. 16 beinhaltet zwei Grundrechte. Art. 16 Abs. I, S. 1 garantiert, daß die deutsche Staatsbürgerschaft nicht zwangsweise entzogen werden kann (BVerfGE 14, 142, 150), Art. 16 Abs. I, S. 2 beschränkt, unter welchen gesetzlichen Bedingungen der Verlust der deutschen Staatsbürgerschaft erlaubt ist. Als zweites Grundrecht aus Art. 16 Abs. II stellt er durch das Auslieferungsverbot sicher, daß kein Deutscher an das Ausland ausgeliefert werden darf. Ferner verpflichtet es verfassungsrechtlich die Organe des Bundes, insbesondere aber die Bundesregierung, zum Schutz deutscher Staatsangehöriger und ihrer Interessen gegenüber fremden Staaten (BVerfGE 6, 299; 40, 177 f.; 41, 182; 55, 346; Leibholz/Rinck/Hesselberger, RZ 2 zu Art. 16).

2.1 Verbot der Ausbürgerung (Abs. I, S. 1)

Art. 16 Abs. I S. 1 verbietet strikt das Ausbürgern, also die Entziehung der deutschen Staatsbürgerschaft. Grundrechtsträger sind nur deutsche Staatsangehörige, jedoch nicht Deutsche ohne deutsche Staatsangehörigkeit (BVerwGE 8, 340, 341). Unter der Entziehung der Staatsbürgerschaft versteht man die Aberkennung der Staatsangehörigkeit ohne oder gegen den Willen des Betroffenen durch einen einseitigen, staatlichen Akt aus Gründen, die der Einzelne nicht beeinflussen kann (BVerfGE, NJW 1990, 2193).

Verlust der Staatsangehörigkeit ohne Staatenlosigkeit (Abs. I, S. 2)

Der Verlust der deutschen Staatsangehörigkeit wird jedoch nicht völlig, bei der Erfüllung von bestimmten, gesetzlich festgelegten Tatbeständen, durch das Verbot aus Art. 16 Abs. I S. 1 verhindert. Näheres hierzu regelt das Reichs- und Staatsangehörigkeitsgesetz.

2.2 Auslieferungsverbot (Abs. II)

Grundrechtsträger des Grundrechts aus Art. 16 Abs. II sind nur Deutsche i.S.v. Art 116 Abs. I.

Unter der Auslieferung versteht man die (notfalls zwangsweise) Überführung eines Deutschen aus dem Hoheitsbereich der Bundesrepublik Deutschland in den Hoheitsbereich einer ausländischen Macht auf deren Ersuchen (BVerfGE 10, 139; BGHSt 5, 396; Pieroth/Schlink: Staatsrecht II RN 1038). Hierzu zählt auch die Durchlieferung, also wenn ein Deutscher von einem Land in ein anderes Land überführt wird, und dabei die Bundesrepublik durchquert. In diesem Fall greift sofort das Verbot des Art. 16 Abs. II S. 1 (BVerfGE 10, 136, 139; Leibholz/Rinck/Hesselberger, RZ 66 zu Art. 16).

Artikel 16 a
(Asylrecht)

(1) Politisch Verfolgte genießen Asylrecht.

(2) Auf Absatz 1 kann sich nicht berufen, wer aus einem Mitgliedstaat der Europäischen Gemeinschaften oder aus einem anderen Drittstaat einreist, in dem die Anwendung des Abkommens über die Rechtsstellung der Flüchtlinge und der Konvention zum Schutze der Menschenrechte und Grundfreiheiten sichergestellt ist. Die Staaten außerhalb der Europäischen Gemeinschaften, auf die die Voraussetzungen des Satzes 1 zutreffen, werden durch Gesetz, das der Zustimmung des Bundesrates bedarf, bestimmt. In den Fällen des Satzes 1 können aufenthaltsbeendende Maßnahmen unabhängig von einem hiergegen eingelegten Rechtsbehelf vollzogen werden.

(3) Durch Gesetz, das der Zustimmung des Bundesrates bedarf, können Staaten bestimmt werden, bei denen auf Grund der Rechtslage, der Rechtsanwendung und der allgemeinen politischen Verhältnisse gewährleistet erscheint, daß dort weder politische Verfolgung noch unmenschliche oder erniedrigende Bestrafung oder Behandlung stattfindet. Es wird vermutet, daß ein Ausländer aus einem solchen Staat nicht verfolgt wird, solange er nicht Tatsachen vorträgt, die die Annahme begründen, daß er entgegen dieser Vermutung politisch verfolgt wird.

(4) Die Vollziehung aufenthaltsbeendender Maßnahmen wird in den Fällen des Absatzes 3 und in anderen Fällen, die offensichtlich unbegründet sind oder als offensichtlich unbegründet gelten, durch das Gericht nur ausgesetzt, wenn ernstliche Zweifel an der Rechtmäßigkeit der Maßnahme bestehen; der Prüfungsumfang kann eingeschränkt werden und verspätetes Vorbringen unberücksichtigt bleiben. Das Nähere ist durch Gesetz zu bestimmen.

(5) Die Absätze 1 bis 4 stehen völkerrechtlichen Verträgen von Mitgliedstaaten der Europäischen Gemeinschaften untereinander und mit dritten Staaten nicht entgegen, die unter Beachtung der Verpflichtungen aus dem Abkommen über die Rechtsstellung der Flüchtlinge und der Konvention zum Schutze der Menschenrechte und Grundfreiheiten, deren Anwendung in den Vertragsstaaten sichergestellt sein muß, Zuständigkeitsregelungen für die Prüfung von Asylbegehren einschließlich der gegenseitigen Anerkennung von Asylentscheidungen treffen.

1. Bedeutung der Vorschrift

Art. 16 a stellt als sog. Ausländergrundrecht die Ausprägung des Bekenntnisses zur Unverletzlichkeit der Menschenwürde dar und gibt der Überzeugung Ausdruck, daß kein Staat das

Recht hat, Leib, Leben oder Freiheit aus politischen, rassistischen oder anderen Gründen des Anders-Seins zu verletzen oder zu gefährden (BVerfGE 80, 333). Hierneben tritt aus Art. 16 a für den Asylsuchenden eine verfahrensrechtliche Gewährleistung, die eine rechtsstaatliche Prüfung seines Begehrens sichert.

2. Wesentliche Inhalte der Vorschrift

2.1 Politisch Verfolgte

Die Begriffsdefinition des politisch Verfolgten knüpft an das Anders-Sein eines Ausländers an, aus dem sein Heimatstaat Verfolgungsmaßnahmen der o.a. Art gegen ihn ergreift. Grundlage dieses Anders-Seins können insbesondere die in Art. 3 genannten Motivationen sein, aus denen heraus nicht differenziert werden darf. Demgegenüber reichen Nachteile, die ein Asylsuchender aufgrund der allgemeinen Zustände in seinem Heimatland zu erleiden hat, z.b. Naturkatastrophen, Hunger, wirtschaftliche Not, Kriege, Unruhen oder Revolutionen nicht aus. Maßgeblich ist immer das Einzel- oder ggfs. das Gruppenschicksal, das zu einer repressiven Behandlung deshalb führt, weil die Staatsmacht eben dieses Anders-Sein des Einzelnen oder der Gruppe nicht akzeptiert und deshalb verfolgt, und der Einzelne oder die Gruppe deshalb innerhalb des eigenen Landes keine Möglichkeit mehr hat, verfolgungsfrei zu leben.

2.2 Sichere Drittstaaten

Abs. II schließt Asylsuchende, die aus sicheren Drittstaaten einreisen, von der Gewährung von Asyl aus, da diese aus Staaten einreisen, in denen sie bereits vor Verfolgung sicher waren. Gleiches bestimmt Abs. III für verfolgungsfreie Drittländer, die durch den Bundestag festgestellt werden müssen, also für Länder, in denen bereits eine Verfolgung des Asylsuchenden nicht stattfindet. In beiden Fällen wird letztlich die Gewährung von Asyl bereits von verfassungs wegen ausgeschlossen.

2.3 Verfahrensgarantien

Abs. IV sichert verfahrensrechtliche Positionen der Asylsuchenden, begrenzt sie aber auch dort, wo sie offensichtlich unbegründet erscheinen, das Asylbegehren also mißbräuchlich gestellt wird. Der Gesetzesvorbehalt des Abs. IV hat zum Erlaß des Asylverfahrensgesetzes und seiner Begleitgesetze geführt. Abs. V ermöglicht in diesem Zusammenhang auch die Rücksichtnahme auf ggfs. bisher noch nicht bestehende internationale Vereinbarungen.

Artikel 17

(Petitionsrecht)

Jedermann hat das Recht, sich einzeln oder in Gemeinschaft mit anderen schriftlich mit Bitten oder Beschwerden an die zuständigen Stellen und an die Volksvertretungen zu wenden.

1. Bedeutung der Vorschrift

Das Petitionsrecht wird in der Literatur auch als Beschwerde- oder Eingaberecht bezeichnet und dient als Kummerkasten und Stimmungsbarometer der Nation. Das Petitionsrecht garantiert jedermann, mit einem nicht gerichtlichen Verfahren den Trägern staatlicher Gewalt seine Nöte und Sorgen erkennbar aufzuzeigen. Die Inanspruchnahme des Petitionsrechtes ist für viele Bürgerinitiativen der einzige Weg, staatliche Organe zu erreichen und ihre Motive aufzuzeigen, wodurch das Petitionsrecht in der letzten Zeit, wegen Fehlens plebiszitärer oder basisdemokratischer Elemente im Grundgesetz, an Bedeutung gewonnen hat (Vitzthum/ März, JZ 1985, 809).

2. Wesentlicher Inhalt der Vorschrift

Die Vorschrift eröffnet jedermann das Recht, sich mit frist- und formlosen Eingaben und Beschwerden an staatliche Instanzen jeder Hierarchiestufe zu wenden. Diese Eingaben können von einem einzelnen, oder aber von mehreren (sog. Sammelpetitionen) erfolgen. Damit das Recht nicht leer läuft, besteht umgekehrt die Verpflichtung der Petitionsempfänger, den Bürger zu bescheiden. Ein Rechtsmittel kann hieraus jedoch nicht abgeleitet werden.

Träger dieses Rechtes sind alle natürlichen Personen (jedermann), sowie private inländische Personen gem. Art. 19 Abs. III. Wesentlich ist ein bestimmtes Begehren, welches mit der Petition geltend gemacht wird (BVerfGE 2, 299; BVerwG, NJW 1976, 638).

Artikel 17 a
(Grundrechtseinschränkungen)

(1) Gesetze über Wehrdienst und Ersatzdienst können bestimmen, daß für die Angehörigen der Streitkräfte und des Ersatzdienstes während der Zeit des Wehr- oder Ersatzdienstes das Grundrecht, seine Meinung in Wort, Schrift und Bild frei zu äußern und zu verbreiten (Artikel 5 Abs. 1 erster Halbsatz), das Grundrecht der Versammlungsfreiheit (Artikel 8) und das Petitionsrecht (Artikel 17), soweit es das Recht gewährt, Bitten oder Beschwerden in Gemeinschaft mit anderen vorzubringen, eingeschränkt werden.

(2) Gesetze, die der Verteidigung einschließlich des Schutzes der Zivilbevölkerung dienen, können bestimmen, daß die Grundrechte der Freizügigkeit (Artikel 11) und der Unverletzlichkeit der Wohnung (Artikel 13) eingeschränkt werden.

1. Bedeutung der Vorschrift

Durch Art. 17 a läßt das Grundgesetz zu, daß Grundrechte von Soldaten zum Schutze des inneren Friedens und der Wirksamkeit der Truppe stärker eingeschränkt werden können, als die von Zivilpersonen (BVerfGE 28, 291).

2. Wesentlicher Inhalt der Vorschrift

Art. 17 a enthält die besondere Einschränkungsmöglichkeit von Grundrechten bei der Ableistung von Wehr- oder Ersatzdiensten und erfaßt damit nicht unbedingt jede Form des täglichen Lebens, wohl aber immer die Handlungen, die in Uniform vorgenommen werden (BVerfGE 57, 35 f.). Hierbei zielen die möglichen Einschränkungen insbesondere darauf ab, das Vertrauen der Bevölkerung in die staatliche Verteidigung zu erhalten, z.B. dadurch, daß Soldaten bei politischen Veranstaltungen nicht in Uniform als Angehörige der Bundeswehr auftreten dürfen und damit möglicherweise die Institution mit einer bestimmten politischen Meinung identifizieren ließen. Die vorgesehenen Einschränkungen ermöglichen damit die Sicherung der inneren Neutralität.

Artikel 18

(Grundrechtsverwirkung)

Wer die Freiheit der Meinungsäußerung, insbesondere die Pressefreiheit (Artikel 5 Absatz 1), die Lehrfreiheit (Artikel 5 Absatz 3), die Versammlungsfreiheit (Artikel 8), die Vereinigungsfreiheit (Artikel 9), das Brief-, Post- und Fernmeldegeheimnis (Artikel 10), das Eigentum (Artikel 14) oder das Asylrecht (Artikel 16 a) zum Kampfe gegen die freiheitliche demokratische Grundordnung mißbraucht, verwirkt diese Grundrechte. Die Verwirkung und ihr Ausmaß werden durch das Bundesverfassungsgericht ausgesprochen.

1. Bedeutung der Vorschrift

Art. 18 ist eine der besonderen Ausprägungen der streitbaren Demokratie, als die sich die Bundesrepublik versteht. Er stellt eine Toleranzschwelle dar, die in der allgemeinen tagespolitischen Auseinandersetzung ebensowenig überschritten werden darf, wie in einer eingeleiteten formell-legalen Entwicklung (Katz, RZ 666).

2. Wesentlicher Inhalt der Vorschrift

Mit Ausübung der in Art. 18 bezeichneten Grundrechte muß ein Grundrechtsträger eine Gefahr für die freiheitlich demokratische Grundordnung ausgelöst haben. Die Inanspruchnahme der Grundrechte muß mithin sich wenden gegen: die Achtung der Menschenrechte des GG, das Recht auf Leben und freie Entfaltung, die Volkssouveränität, die Gewaltenteilung, die Verantwortlichkeit der Regierung, die Gesetzmäßigkeit der Verwaltung, die Unabhängigkeit der Gerichte, das Mehrparteiensystem und die Chancengleichheit aller politischen Parteien sowie die Bildung und Ausübung einer Opposition (BVerfGE 2, 12). In diesem Falle kann das Bundesverfassungsgericht die Verwirkung der in Anspruch genommenen und bezeichneten Grundrechte aussprechen (BVerfGE 11, 282).

Artikel 19

(Wesensgehaltsschranke, Rechtsschutz)

(1) Soweit nach diesem Grundgesetz ein Grundrecht durch Gesetz oder auf Grund eines Gesetzes eingeschränkt werden kann, muß das Gesetz allgemein und nicht nur für den Einzelfall gelten. Außerdem muß das Gesetz das Grundrecht unter Angabe des Artikels nennen.

(2) In keinem Falle darf ein Grundrecht in seinem Wesensgehalt angetastet werden.

(3) Die Grundrechte gelten auch für inländische juristische Personen, soweit sie ihrem Wesen nach auf diese anwendbar sind.

(4) Wird jemand durch die öffentliche Gewalt in seinen Rechten verletzt, so steht ihm der Rechtsweg offen. Soweit eine andere Zuständigkeit nicht begründet ist, ist der ordentliche Rechtsweg gegeben. Art. 10 Abs. 2 Satz 2 bleibt unberührt.

1. Bedeutung der Vorschrift

Art. 19 ist die die Grundrechte selbst wiederum schützende Vorschrift vor Eingriffen durch den Gesetzgeber. Zusätzlich stellt sie die allgemeine Rechtsschutzgarantie auf.

2. Wesentliche Inhalte der Vorschrift

2.1 Einzelfallgesetze

Abs. I sichert die generelle Formulierung von Gesetzen und will ausschließen, daß für einen einzigen konkreten Fall oder einen bestimmten Grundrechtsträger ein Gesetz geschaffen werden könnte, das eben dessen Grundrechte einschränken würde (BVerfGE 25, 396). Eine solche Situation ist allerdings dann nicht gegeben, wenn der Gesetzgeber aufgrund eines einzelnen Falles eine Regelungslücke erkennt und daraus für diesen und alle unbestimmten künftigen Fälle eine Regelung trifft (BVerfGE 24, 52). Solange mithin eine abstrakte generelle Regelung vorliegt, kommt ein Verstoß gegen Abs. I nicht in Betracht (BVerfGE 36, 400).

2.2 Zitiergebot

Da in Abs. I Satz 2 ausgesprochene Zitiergebot stellt eine gesetzgeberische „Bremse" dar und dient der Rechtsklarheit. Der Gesetzgeber soll sich in erster Linie darüber im Klaren sein, daß er in ein Grundrecht mit einem Gesetz eingreift. Durch die Auffassung des BVerfG, den Gesetzgeber nicht unnötig zu behindern und deshalb in einer Vielzahl von Fällen auf das Zitiergebot verzichten zu können, wird diese Wirkung jedoch leider unterlaufen (vgl. Katz, RZ 660).

2.3 Wesensgehaltsschranke

Die Wesensgehaltsschranke des Abs. II ist eine materielle Begrenzung der Grundrechtsbeeinträchtigung. Dem Gesetzgeber wird damit unmöglich gemacht, ein Grundrecht etwa formal bestehen zu lassen, es inhaltlich jedoch auszuhöhlen. Allerdings ist es nicht unproblematisch festzustellen, wann der Wesensgehalt eines Grundrechts angetastet wird. Die h.L. verfolgt eine gemischte, absolut-relative Theorie, die den Eingriff selbst in den geschützten Kernbereich zuläßt, wenn das Grundrecht als solches für das soziale Leben noch seine Bedeutung behält und der Schutz höherrangiger Rechtsgüter den Schutz unmittelbar und zwingend gebietet (BVerfGE 70, 311). Damit wird eine den absoluten Grundrechtsschutz gewährleistende Interpretation abgelehnt und der Gemeinverträglichkeit ein bestimmter Vorrang eingeräumt.

2.4 Juristische Personen

Durch Abs. III stellt das Grundgesetz juristische Personen den natürlichen gleich, soweit dies der jeweiligen Wesensstruktur nach möglich ist. Der Begriff der juristischen Person ist dabei nicht terminologisch zu verstehen, sondern erfaßt auch die Handelsgesellschaften, die nicht als juristische Personen anzusehen sind (oHG, KG), und auch andere Personenvereinigungen, soweit sich ihre körperschaftliche Organisationsstruktur verfestigt hat (diese Auffassung des BVerfG – E 75, 195 – ist allerdings in der Literatur bestritten). Die Geltung für juristische Personen des öffentlichen Rechts wird dagegen von der h.L. abgelehnt; ihnen wird jedoch in Einzelfällen eine partielle Grundrechtsfähigkeit zugestanden (BVerfGE 75, 195).

Die Grundrechte müssen aber ihrem Wesen nach auch auf die juristischen Personen anwendbar sein. Dies ist zwangsläufigerweise einzelfallbezogen zu prüfen und davon abhängig, ob es sich ein menschenbezogenes Grundrecht handelt oder um ein solches, das auch korporativ ausgeübt werden kann. Das BVerfG stellt in diesem Zusammenhang darauf ab, ob die hinter der juristischen Person stehenden Menschen betroffen sind (vgl. näher BVerfGE 75, 195).

2.5 Rechtsweggarantie

Abs. IV gewährleistet schließlich den lückenlosen Rechtsschutz gegen Maßnahmen der öffentlichen Gewalt, verstanden als solcher der Exekutive (BVerfGE 24, 49). Rechtsstaatlichen Anforderungen genügt hier allerdings die Prüfung durch einen unabhängigen Richter, ein Instanzenzug ist ebensowenig erforderlich, wie ein Rechtsschutz über eine gegebene bzw. bestehende Verfahrensordnung hinaus.

II. Der Bund und die Länder

Artikel 20
(Grundlegende Staatsprinzipien)

(1) Die Bundesrepublik Deutschland ist ein demokratischer und sozialer Bundesstaat.

(2) Alle Staatsgewalt geht vom Volke aus. Sie wird vom Volke in Wahlen und Abstimmungen und durch besondere Organe der Gesetzgebung, der vollziehenden Gewalt und der Rechtsprechung ausgeübt.

(3) Die Gesetzgebung ist an die verfassungsmäßige Ordnung, die vollziehende Gewalt und die Rechtsprechung sind an Gesetz und Recht gebunden.

(4) Gegen jeden, der es unternimmt, diese Ordnung zu beseitigen, haben alle Deutschen das Recht zum Widerstand, wenn andere Abhilfe nicht möglich ist.

1. Bedeutung der Vorschrift

Art. 20 stellt sich als eine zentrale Bestimmung dar, die die wesentlichen Staatsgrundsätze und -prinzipien der Bundesrepublik Deutschland festlegt. Seine Bedeutung wird insbesondere dadurch betont, daß er gemäß Art. 79 Abs. III unabänderbar ist, also jeder Grundgesetzänderung entzogen ist (bestritten).

2. Wesentliche Inhalte der Vorschrift

2.1 Name, Staatsform

In Abs. I wird der Name des Staates des Grundgesetzes festgelegt. Zugleich liegt in ihm auch eine Bestimmung der Staatsform. Die Grundentscheidung für eine Demokratie präzisiert die republikanische Staatsform als Herrschaft des gesamten Volkes, wie aus Abs. II näher hervorgeht. Durch diese Bestimmung werden wesentliche Bestandteile der freiheitlich demokratischen Grundordnung (vgl. Erl. zu Art. 18) festgelegt.

Daß die Bundesrepublik gleichzeitig als sozialer Staat bezeichnet wird, verschafft der Staatszielbestimmung Geltung, die ein Gegengewicht zu den allgemeinen Freiheitsrechten darstellen soll, also insbesondere den wirtschaftlich Schwachen zu helfen bestimmt ist. Dahinter steht die Forderung nach einer gerechten Verteilung und Gestaltung der gesellschaftlichen Verhältnisse (BVerfGE 22, 204), insbesondere dann, wenn unverschuldete Notsituationen auszugleichen sind oder eine Hilfe erfordern. Hierbei ist allerdings anzumerken, daß erster Adressat der Sozialstaatsklausel der Gesetzgeber sein dürfte, der im Rahmen seiner Kompetenzen diesem Staatsziel verpflichtet ist.

Aus dieser Regelung läßt sich eine bestimmte Wirtschaftsverfassung des Grundgesetzes auch dann nicht entnehmen, wenn die weiteren Regelungen in eine Betrachtung und Untersuchung einbezogen werden. Das GG enthält eine Reihe von Vorschriften mit wirtschaftlicher Relevanz, aus denen letztlich – nach Auffassung des BVerfG (E 50, 336) – eine Neutralität des GG gegenüber der Wirtschaftsverfassung abgeleitet werden muß. Dies ist jedoch an die Einhaltung der weiteren verfassungsrechtlichen Bestimmungen gebunden, so daß eine Neutralität i.e.S. nicht verzeichnet werden kann. Das GG schließt nämlich sowohl eine Zentralverwaltungswirtschaft als auch eine freie Marktwirtschaft aus. Das GG eröffnet eine Bandbreite für die Verfolgung wirtschaftspolitischer Konzeptionen, deren Ausprägung durch die Sozialstaatsklausel und die Grundrechte gebunden ist.

Die Bezeichnung als Bundesstaat legt den Föderalismus in der Bundesrepublik fest. Danach ist die Gliederung in Bundesländer mit eigenständigen Kompetenzen fester Bestandteil der Staatsordnung. Dies findet seine Betonung u.a. auch in Art. 30, nach dessen Maßgabe die Zuständigkeit der Länder grundsätzlich für alle Ausübung von Staatsgewalt gegeben ist, soweit das GG nicht anderes vorschreibt oder zuläßt. Dies schließt jedoch eine Überordnung des Bundes gegenüber den Ländern im Rahmen der Zuständigkeiten des Bundes nicht aus. So wird durch Art. 31 der Vorrang des Bundesrechts, Art. 37 die Möglichkeit des Bundeszwanges und durch die Art. 84, 85 die Möglichkeit der Bundesaufsicht vorgesehen.

2.2 Staatsgewalt, repräsentative Demokratie

In Abs. II hebt das GG erneut die Volkssouveränität hervor. Zugleich ergibt sich damit auch das Prinzip der demokratischen Legitimation, die für die Ausübung jeglicher staatlicher Gewalt gegeben sein muß (BVerfG, PersV 1995, 553). Jeder Amtsträger muß mithin seine Entscheidungsgewalt vom Volk ableiten können, sei es durch unmittelbare Wahl, durch Wahl der vom Volk Gewählten oder durch Ernennung von einem durch Wahl Legitimierten.

Zugleich drückt Abs. II auch das Prinzip der repräsentativen Demokratie aus. Das Volk wählt seine Repräsentanten und legitimiert sie damit, für das Volk die Staatsgewalt auszuüben. Die Ausübung von Staatsgewalt wird besonderen Organen übertragen. Das Grundgesetz trifft hierdurch für den Bund eine Entscheidung gegen die plebiszitäre Demokratie und ein Plebiszit, wie es in den einzelnen Bundesländern z.T. zu finden ist.

2.3 Gewaltenteilung

Indem Abs. II die besonderen Organe der Gesetzgebung, der Rechtsprechung und der vollziehenden Gewalt benennt, verfügt er zugleich die Teilung der Staatsgewalt in diese drei Teilgewalten, die er durch Abs. III der Geltung von Verfassung, Recht und Gesetz unterwirft. Mit der Teilung einher geht allerdings auch das Prinzip der gegenseitigen Kontrolle der Gewalten (BVerfGE 7, 188) und die Kontrolle der Gesetzgebung durch den Wähler.

2.4 Rechtsstaatsprinzip

Abs. III bindet alle Organe, die Staatsgewalt ausüben, an Recht, Gesetz und die verfassungsmäßige Ordnung. Hierbei ist offensichtlich, daß der Gesetzgeber als derjenige, der die Gesetze erläßt, nur an die verfassungsmäßige Ordnung gebunden werden kann. Diese Unterwerfung der Staatsgewalt unter das Recht ist der Kern des Rechtsstaatsprinzips, das durch die Geltung prozessualer Grundrechte (Art. 19 Abs. IV, 93, 97 u.ä.) ergänzt wird.

Die Bindung der Rechtsprechung an Gesetz und Recht entspricht der Gesetzesbindung der ansonsten unabhängigen Richter (Art. 97 Abs. I). Die Bindung der vollziehenden Gewalt an Recht und Gesetz drückt den Grundsatz der Gesetzmäßigkeit der Verwaltung aus (BVerfGE 8, 325). Danach darf die Verwaltung nur dem Gesetz entsprechend handeln und hat die Hierarchie der Rechtsquellen zu beachten, nach der Vorschriften in der Abstufung gelten: Verfassung – Gesetze – Verordnungen – Satzungen – Gewohnheitsrecht. Zum Grundsatz der Gesetzmäßigkeit der Verwaltung gehört aber auch seine zweite Komponente, die Beachtung des Vorbehalts des Gesetzes. Danach darf die Verwaltung in die Rechte eines Bürgers nur eingreifen, wenn dafür eine gesetzliche Grundlage besteht, und nur soweit eingreifen, wie diese Grundlage auch zu einem Eingriff ermächtigt (BVerfGE 49, 124).

Zu einem ganz wesentlichen Bestandteil ist in diesem Zusammenhang auch der Grundsatz der Verhältnismäßigkeit als ein die gesamte Rechtsordnung übergreifender Grundsatz zu zählen (BVerfGE 20, 49). Seine synonyme Bezeichnung. „Übermaßverbot" macht deutlich, daß staatliche Gewalt in die Rechte des Bürgers nur soweit eingreifen darf, wie es zur Erreichung eines Zweckes unbedingt erforderlich ist, wobei das Eingriffsmittel geeignet und erforderlich sein muß.

2.5 Widerstandsrecht

Abs. IV, der das Widerstandsrecht regelt, ist eine im Rahmen der Notstandsgesetzgebung in die Verfassung aufgenommene Vorschrift, die an der „Ewigkeitsgarantie" des Art. 79 Abs. III nicht teilhat. Zur Sicherung der verfassungsmäßigen Ordnung in einem Notstandsfall sollen Rechtsverstöße auch des Bürgers dann gerechtfertigt sein, wenn die staatliche Gewalt nicht mehr in der Lage ist, die Sicherung vorzunehmen. Von besonderer Bedeutung könnte dies im Notstandsfalle dann sein, wenn die Verfassungsverkürzung durch eine staatliche Teilgewalt dazu mißbraucht würde, die verfassungsmäßige Ordnung zu beseitigen (Pieroth/Schlick, RZ 1100)

Artikel 20 a

(Umweltschutz)

Der Staat schützt auch in Verantwortung für die künftigen Generationen die natürlichen Lebensgrundlagen im Rahmen der verfassungsmäßigen Ordnung durch die Gesetzgebung und nach Maßgabe von Gesetz und Recht durch die vollziehende Gewalt und die Rechtsprechung.

1. Bedeutung der Vorschrift

Art. 20 a beinhaltet eine Staatszielbestimmung auf Berücksichtigung des Umweltschutzes bei aller staatlichen Tätigkeit. Durch diese Norm werden die Träger der staatlichen Gewalt zwar nicht unmittelbar gebunden, denn die Bindung von Rechtsprechung und vollziehender Gewalt erfolgt im Rahmen der geltenden Gesetze. Es erscheint jedoch notwendig, die Vorschrift als eine Interpretationsschranke und -verpflichtung bei der Rechtsanwendung dann zu betrachten, wenn zur Anwendung unbestimmter Rechtsbegriffe oder zu planerischen Abwägungen Wertungen vorzunehmen sind, die i.S. des Art. 20 a im Zweifel für den Umweltschutz ausfallen müßten.

2. Wesentlicher Inhalt der Vorschrift

Der Gesetzgeber wird sich mit der Staatszielbestimmung zu beschäftigen haben und bei seiner Tätigkeit auch und ggfs. auch besonders den Umweltschutz zu berücksichtigen haben. Allerdings dürfte die Vorschrift in ihrer vorsichtig bindenden Wirkung nicht politische Mehrheiten bei der Beschlußfassung eines Gesetzes in Frage stellen können.

Die Ausgestaltung als Staatszielbestimmung schließt schließlich auch einen Rechtsanspruch auf Umwelt oder Umweltschutz nicht ein. Der einzelne Bürger kann aus Art. 20 a keine Rechte herleiten. Dies hätte die Ausgestaltung als Grundrecht erfordert, worauf bei Einfügung der Vorschrift jedoch verzichtet wurde.

(Parteien)

(1) Die Parteien wirken bei der politischen Willensbildung des Volkes mit. Ihre Gründung ist frei. Ihre innere Ordnung muß demokratischen Grundsätzen entsprechen. Sie müssen über die Herkunft und Verwendung ihrer Mittel sowie über ihr Vermögen öffentlich Rechenschaft geben.

(2) Parteien, die nach ihren Zielen oder nach dem Verhalten ihrer Anhänger darauf ausgehen, die freiheitliche demokratische Grundordnung zu beeinträchtigen oder zu beseitigen oder den Bestand der Bundesrepublik Deutschland zu gefährden, sind verfassungswidrig. Über die Frage der Verfassungswidrigkeit entscheidet das Bundesverfassungsgericht.

(3) Das Nähere regeln Bundesgesetze.

1. Bedeutung der Vorschrift

Art. 21 erhebt das Parteiwesen als eine zur politischen Willensbildung innerhalb einer Demokratie notwendige Institution in den Rang einer verfassungsrechtlich legitimierten und gesicherten Einrichtung. Die Parteien genießen im Verständnis des GG die Stellung eines Mediums zur politischen Willensbildung und zur praktischen Umsetzung der Verfassungsordnung (BVerfGE 20, 100). Mit dieser Einschätzung durch das BVerfG werden Parteien nicht nur zu notwendigen Instrumenten der politischen Willensbildung in einer Massendemokratie (BVerfGE 52, 82). Durch das Anerkenntnis der Bundesrepublik letztlich als einer Parteiendemokratie werden vielmehr einzelne Bürger faktisch von der politischen Willensbildung ausgeschlossen (vgl. zur Kritik: Katz, RZ 272 f. m.w. Nachw.).

2. Wesentliche Inhalte der Vorschrift

Die Ausformung der Bestimmung des Art. 21 GG ist durch das Parteiengesetz erfolgt. Dieses knüpft in Anlehnung an das BVerfG an den Begriff der Partei nähere Voraussetzungen (vgl. dazu BVerfG, NJW 1993, 3213) die von anderen Wählergruppierungen ebensowenig erfüllt werden wie von den Zusammenschlüssen auf kommunaler Ebene (BVerfGE 6, 372).

Problematischster Bereich, der sich aus der Stellung der Parteien als „Quasi-Verfassungsorgane" ergibt, ist die staatliche Parteienfinanzierung (vgl. dazu: BVerfGE 85, 283).

Die Möglichkeit des Abs. II, auf Antrag der Bundesregierung, des Bundestages oder des Bundesrates (§ 43 BVerfGG), beim Bundesverfassungsgericht ein Parteiverbot zu erwirken, dient der streitbaren Demokratie und erscheint vor dem Hintergrund der Weimarer Republik verständlich. Voraussetzung für ein solches Verbot (bislang zweimal ergangen: SRP – BVerfGE 2, 1 – und KPD – BVerfGE 5, 85) ist die kämpferische, aggressive Haltung der Partei und ihres Programms gegenüber der bestehenden verfassungsmäßigen Ordnung.

Artikel 22

(Bundesflagge)

Die Bundesflagge ist schwarz-rot-gold.

1. Bedeutung der Vorschrift

Das Grundgesetz bezieht sich in Art. 22 auf den internationalen und nationalen Brauch, daß jeder Staat sich durch Zeichen, Symbole, Musikstücke und Farbzusammenstellungen nach außen hin identifiziert. Art. 22 ist als staats- und völkerrechtlich wirkende Erklärung der Bundesrepublik, an diesem Brauch festzuhalten und sich, wie andere Staaten auch, an dieser Praxis zu beteiligen (Maunz/Dürig/Herzog/Scholz, RZ 2 f. zu Art. 22) zu verstehen.

2. Wesentliche Inhalte der Vorschrift

Die Flagge im Rechtssinne ist ein Stück Tuch, das als Zeichen einer speziellen Art der Zugehörigkeit oder als Symbol von Macht und Besitz gehißt wird. Art. 22 muß man allerdings weiter auslegen und nicht nur auf die Bundesflagge, sondern auf alle bestehenden Hoheitszeichen beziehen (Maunz/Dürig/Herzog/Scholz, RZ 6 zu Art. 22).

Artikel 23
(Europäische Union)

(1) Zur Verwirklichung eines vereinten Europas wirkt die Bundesrepublik Deutschland bei der Entwicklung der Europäischen Union mit, die demokratischen, rechtsstaatlichen, sozialen und föderativen Grundsätzen und dem Grundsatz der Subsidiarität verpflichtet ist und einen diesem Grundgesetz im wesentlichen vergleichbaren Grundrechtsschutz gewährleistet. Der Bund kann hierzu durch Gesetz mit Zustimmung des Bundesrates Hoheitsrechte übertragen. Für die Begründung der Europäischen Union sowie für Änderungen ihrer vertraglichen Grundlagen und vergleichbare Regelungen, durch die dieses Grundgesetz seinem Inhalt nach geändert oder ergänzt wird oder solche Änderungen oder Ergänzungen ermöglicht werden, gilt Artikel 79 Abs. 2 und 3.

(2) In Angelegenheiten der Europäischen Union wirken der Bundestag und durch den Bundesrat die Länder mit. Die Bundesregierung hat den Bundestag und den Bundesrat umfassend und zum frühestmöglichen Zeitpunkt zu unterrichten.

(3) Die Bundesregierung gibt dem Bundestag Gelegenheit zur Stellungnahme vor ihrer Mitwirkung an Rechtsetzungsakten der Europäischen Union. Die Bundesregierung berücksichtigt die Stellungnahmen des Bundestages bei den Verhandlungen. Das Nähere regelt ein Gesetz.

(4) Der Bundesrat ist an der Willensbildung des Bundes zu beteiligen, soweit er an einer entsprechenden innerstaatlichen Maßnahme mitzuwirken hätte oder soweit die Länder innerstaatlich zuständig wären.

(5) Soweit in einem Bereich ausschließlicher Zuständigkeiten des Bundes Interessen der Länder berührt sind oder soweit im übrigen der Bund das Recht zur Gesetzgebung hat, berücksichtigt die Bundesregierung die Stellungnahme des Bundesrates. Wenn im Schwerpunkt Gesetzgebungsbefugnisse der Länder, die Einrichtung ihrer Behörden oder ihre Verwaltungsverfahren betroffen sind, ist bei der Willensbildung des Bundes insoweit die Auffassung des Bundesrates maßgeblich zu berücksichtigen; dabei ist die gesamtstaatliche Verantwortung des Bundes zu wahren. In Angelegenheiten, die zu Ausgabenerhöhungen oder Einnahmeminderungen für den Bund führen können, ist die Zustimmung der Bundesregierung erforderlich.

(6) Wenn im Schwerpunkt ausschließliche Gesetzgebungsbefugnisse der Länder betroffen sind, soll die Wahrnehmung der Rechte, die der Bundesrepublik Deutschland als Mitgliedstaat der Europäischen Union zustehen, vom Bund auf einen vom Bundesrat benannten Vertreter der Länder übertragen werden. Die Wahrnehmung der Rechte erfolgt unter Beteiligung und in Abstimmung mit der Bundesregierung; dabei ist die gesamtstaatliche Verantwortung des Bundes zu wahren.

(7) Das Nähere zu den Absätzen 4 bis 6 regelt ein Gesetz, das der Zustimmung des Bundesrates bedarf.

1. Bedeutung der Vorschrift

Die Vorschrift enthält die Staatszielbestimung für die europäische Integration der Bundesrepublik und schafft die verfassungsrechtlichen Voraussetzungen hierfür.

2. Wesentlicher Inhalt der Vorschrift

Nach Art. 23 wirkt die Bundesrepublik Deutschland mit am Ausbau der Europäischen Union, mit dem Ziel der Verwirklichung eines vereinten Europas. Dieses vereinte Europa unterliegt demokratischen, rechtsstaatlichen, sozialen und förderativen Prinzipien und gewährleistet einen dem Grundgesetz kongruenten Grundrechtsschutz. Für die Begründung der EU, sowie für ihre vertraglichen oder nichtvertraglichen Basen, mit denen eine Änderung oder eine Ergänzung möglich wird gilt, Art. 79 Abs. II und III GG. Entsprechend Art. 23 werden Hoheitsrechte nicht mehr gemäß Art. 24 auf die EU übertragen, sondern Art. 23 gilt als lex specialis. Gesetze, die Hoheitsrechte auf die EU übertragen, bedürfen der Zustimmung des Bundesrates. Die „Ewigkeitsklausel" des Art. 79 Abs. III wird als die Schranke für diese Übertragungen der Hoheitsrechte angesehen, da entsprechend ihrer Maßgabe die förderative Grundstruktur der Bundesrepublik Deutschland in ihrem Kernbestand nicht durch die Entwicklung der Europäischen Union beeinträchtigt werden darf.

Artikel 24
(Übertragung von Hoheitsrechten)

(1) Der Bund kann durch Gesetz Hoheitsrechte auf zwischenstaatliche Einrichtungen übertragen.

(1 a) Soweit die Länder für die Ausübung der staatlichen Befugnisse und die Erfüllung der staatlichen Aufgaben zuständig sind, können sie mit Zustimmung der Bundesregierung Hoheitsrechte auf grenznachbarschaftliche Einrichtungen übertragen.

(2) Der Bund kann sich zur Wahrung des Friedens einem System gegenseitiger kollektiver Sicherheit einordnen; er wird hierbei in die Beschränkungen seiner Hoheitsrechte einwilligen, die eine friedliche und dauerhafte Ordnung in Europa und zwischen den Völkern der Welt herbeiführen und sichern.

(3) Zur Regelung zwischenstaatlicher Streitigkeiten wird der Bund Vereinbarungen über eine allgemeine, umfassende, obligatorische, internationale Schiedsgerichtsbarkeit beitreten.

1. Bedeutung der Vorschrift

Die Vorschrift eröffnet der Bundesrepublik die Möglichkeit, zwischenstaatlichen oder internationalen Einrichtungen beizutreten. Hierbei ist zu beachten, daß für alle Angelegenheiten, die sich im Zusammenhang mit der Europäischen Union ergeben, Art. 23 Spezialvorschrift ist.

2. Wesentlicher Inhalt der Vorschrift

Art. 24 gilt dann, wenn auf zwischenstaatliche Einrichtungen, die durch Vereinbarungen zwischen Völkerrechtssubjekten entstehen, Hoheitsrechte auf diese Einrichtungen übertragen werden. Dies kann durch einfaches Gesetz des Bundes, das nicht der Zustimmung des Bundesrates bedarf, geschehen. Voraussetzung bleibt gleichwohl, daß die elementaren Grundsätze des Grundgesetzes und seiner Wertordnung gewahrt bleiben (BVerfGE 37, 296). Derartige Vereinbarungen sind nicht abgeschlossen worden im Falle der UN und der WEU, wohl aber im Hinblick auf die EU (s. dazu Art. 23) und die NATO (s. dazu Abs. II).

Die Einordnung in Verteidigungs- und Sicherheitssysteme i.S. des Abs. II verlangt nicht eine absolute Gleichheit der Leistungen der Partner, wohl aber eine gleichberechtigte und gleichverpflichtete Einordnung in das jeweilige System.

In Abs. III wird schließlich die Erklärung der Bundesrepublik abgegeben, daß sie – wie geschehen – sich einer internationalen Schiedsgerichtsbarkeit unterwirft. In Betracht kommen hier der Internationale Gerichtshof und der Ständige Schiedshof in Den Haag. Die Unterwerfung unter die Jurisdiktion des Europäischen Gerichtshofes folgt aus den Vereinbarungen die EU betreffend und ist damit Art. 23 GG zuzurechnen.

Artikel 25
(Völkerrecht als Bundesrecht)

Die allgemeinen Regeln des Völkerrechts sind Bestandteil des Bundesrechts. Sie gehen den Gesetzen vor und erzeugen Rechte und Pflichten unmittelbar für die Bewohner des Bundesgebietes.

1. Bedeutung der Vorschrift

Art. 25 stellt die allgemeinen Grundsätze des Völkerrechts höher als die allgemeinen Gesetze, und macht sie zum Bestandteil des Bundesrechts. Damit erzeugen sie Rechte und Pflichten, die für alle Bewohner innerhalb des Bundesgebietes gelten, ohne daß es eines Transformationsgesetzes bedürfte.

2. Wesentlicher Inhalt der Vorschrift

Völkerrechtsregeln sind allgemeine Regeln des Völkerrechtes, sobald sie von der weitaus größeren Zahl der Staaten anerkannt werden. Sie müssen auf einer allgemeinen, gefestigten Praxis der Staaten beruhen, und ihre Anwendung muß von der Überzeugung, rechtmäßig zu handeln, geprägt sein (BVerfGE 66, 64 f.; 92, 320). Die Anerkennung dieser Regeln durch die Bundesrepublik ist dabei nicht zwingend notwendig (BVerfGE 15, 34; 16, 33). Diese allgemeingültigen Regeln des Völkerrechtes sind hauptsächlich universell geltendes Gewohnheitsrecht der Völker, das durch allgemein anerkannte Rechtsgrundsätze ergänzt wird (BVerfGE 23, 317; 15, 32 f.; 16, 33; 31, 177). Aus der Vorschrift kann jedoch nicht gefolgert werden, daß auch alle völkerrechtlichen Verträge vom Gesetzgeber als bindend zu betrachten wären. Der Gesetzgeber hat vielmehr über deren Geltung und Einhaltung zu entscheiden und damit die Dispositionsbefugnis über sie, soweit nicht allgemeine Völkerrechtssätze betroffen sind (BVerfGE 6, 362 f.). Dem steht auch der allgemeine, auch im Völkerrecht geltende Rechtsgrundsatz „pacta sunt servanda" nicht entgegen (BVerfGE 31, 178).

Artikel 26
(Verbot von Kriegswaffen)

(1) Handlungen, die geeignet sind und in der Absicht vorgenommen werden, das friedliche Zusammenleben der Völker zu stören, insbesondere die Führung eines Angriffskrieges vorzubereiten, sind verfassungswidrig. Sie sind unter Strafe zu stellen.

(2) Zur Kriegsführung bestimmte Waffen dürfen nur mit Genehmigung der Bundesregierung hergestellt, befördert und in Verkehr gebracht werden. Das Nähere regelt ein Bundesgesetz.

1. Bedeutung der Vorschrift

Art. 26 betont die Bereitschaft der Bundesrepublik, den Frieden zu sichern. Die Vorschrift macht deutlich, daß die Bundesrepublik vom Führen eines Angriffskrieges Abstand nimmt. Diese Regelung steht zwar in einem Zusammenhang zu den Vorschriften, die sich mit dem Verteidigungs- oder Spannungsfall befassen, nimmt diesen Vorschriften jedoch die verfassungsrechtliche Grundlage, etwa in einem Angriffskrieg eingesetzt werden zu können.

2. Wesentliche Inhalte der Vorschrift

Die Vorschrift umfaßt zwei Gebote. Einerseits das Verbot von friedensstörenden Handlungen sowie der Planung eines Angriffskrieges, andererseits die Bestimmung, daß Kriegswaffen nur mit einer Genehmigung der Bundesregierung hergestellt, befördert und in Verkehr gebracht werden dürfen, also der Kontrolle der Bundesregierung unterliegen.

2.1 Friedensstörende Handlungen (Abs. I)

Alle Handlungen von Staatsorganen und Privatpersonen, die das friedliche Zusammenleben gefährden, wie auch das Planen eines Angriffskrieges, werden als verfassungswidrig und somit rechtsunwirksam erklärt. Verstöße gegen diese Norm werden gem. §§ 80, 80a StGB bestraft. Der Begriff der Störung muß eng ausgelegt werden, nach BVerwG (DÖV 1983, 120) muß es sich bei dieser Störung um eine solche handeln, bei der eine schwerwiegende Beeinträchtigung von zwischenstaatlichen Beziehungen resultiert.

2.2 Kontrolle über Kriegswaffen durch die Bundesrepublik (Abs. II)

Art. 26 Abs. II besagt, als besonderen Fall der Sicherung des Friedens, daß die Bundesregierung Aufsicht und Kontrolle über die Herstellung, Beförderung und das In-Verkehr-Bringen von Kriegswaffen hat. Abs. II verbietet diese Handlungen ohne ausdrückliche Genehmigung der Bundesregierung.

Artikel 27

(Handelsflotte)

Alle deutschen Kauffahrteischiffe bilden eine einheitliche Handelsflotte.

Bedeutung der Vorschrift

Art. 27 besagt, daß alle Kauffahrteischiffe, also Handelsschiffe, Mitglieder der Handelsflotte sind. Sie fahren unter deutscher Flagge, nicht unter der Flagge des jeweiligen Bundeslandes, und unterstehen dem einheitlichem Schutze des Bundes. Dabei ist es unbedeutend, in welchem Bundesland diese Schiffe beheimatet sind. Der Schutz kommt jedoch nur Schiffen zu, die unter deutscher Flagge fahren, so daß „ausgeflaggte" Schiffe nicht den Schutz des Bundes genießen.

Artikel 28
(Länderverfassungen, Selbstverwaltung der Kommunen)

(1) Die verfassungsmäßige Ordnung in den Ländern muß den Grundsätzen des republi-kanischen, demokratischen und sozialen Rechtsstaates im Sinne dieses Grundgesetzes entsprechen. In den Ländern, Kreisen und Gemeinden muß das Volk eine Vertretung haben, die aus allgemeinen, unmittelbaren, freien, gleichen und geheimen Wahlen her-vorgegangen ist. Bei Wahlen in Kreisen und Gemeinden sind auch Personen, die die Staatsangehörigkeit eines Mitgliedstaates der Europäischen Gemeinschaft besitzen, nach Maßgabe von Recht der Europäischen Gemeinschaft wahlberechtigt und wählbar. In Ge-meinden kann an die Stelle einer gewählten Körperschaft die Gemeindeversammlung treten.

(2) Den Gemeinden muß das Recht gewährleistet sein, alle Angelegenheiten der örtlichen Gemeinschaft im Rahmen der Gesetze in eigener Verantwortung zu regeln. Auch die Ge-meindeverbände haben im Rahmen ihres gesetzlichen Aufgabenbereiches nach Maßgabe der Gesetze das Recht auf Selbstverwaltung. Die Gewährleistung der Selbstverwaltung umfaßt auch die Grundlagen der finanziellen Eigenverantwortung.

(3) Der Bund gewährleistet, daß die verfassungsmäßige Ordnung der Länder den Grund-rechten und den Bestimmungen der Absätze 1 und 2 entspricht.

1. Bedeutung der Vorschrift

Die Vorschrift ist Ausdruck des Homogenitätsprinzips. Sie soll sichern, daß Bund, Länder, Kreise und Gemeinden einheitlichen demokratischen und verfassungsrechtlichen Grundfor-derungen folgen. Den Ländern steht zwar die Verfassungsutonomie zu, sie ist aber an den staatstragenden Prinzipien des Grundgesetzes zu orientieren. Dementsprechend ist Art. 28 zugleich auch Ausprägung der Länder zur Bundestreue.

2. Wesentliche Inhalte der Vorschrift

2.1 Homogenitätsprinzip

Die Verpflichtung aus Abs. I, verbunden mit der Einwirkungsmöglichkeit nach Abs. III, ist keine Bestimmung, die auf die Uniformität zwischen den staatlichen Strukturen des Bundes und der Länder hinwirkt. Die Regelungen lassen eine Vielzahl von Abweichungen zu, wie z.B. eine andere Regierungsbildung, Volksbegehren, variierte Wahlsysteme u.ä., solange den Grundanforderungen an eine republikanische, demokratische und soziale Gestaltung Rech-nung getragen wird und den übrigen verfassungsrechtlichen Vorgaben des GG entsprochen wird.

2.2 Bundestreue

Die mit Art. 28 zum Ausdruck kommende Homogenität enthält zugleich die Verpflichtung der Länder zur Bundestreue. Damit ist gemeint, daß die Länder bei der Ausübung von Ho-heitsgewalt und Kompetenzen auf die Interessen des Bundes und der anderen Länder Rück-sicht zu nehmen haben, wie auch der Bund verpflichtet ist, die Interessen der Länder durch Anhörung in die Entscheidungsfindung einzubeziehen (BVerfGE 81, 337). Zu diesem Prinzip ist auch der gegenseitige Finanzausgleich zu rechnen (BVerfGE 86, 210). Den Ländern obliegt auch die Verpflichtung zur Beachtung der vom Bund geschlossenen völkerrechtlichen Ver-träge (BVerfGE 6, 361). Rechtsaufsicht der Länder ist gegenüber den Gemeinden auf bundes-treues Verhalten auszurichten (BVerfGE 8, 138). Dem Bund obliegt die Pflicht, die Länder rechtlich und politisch gleich zu behandeln (BVerfGE 12, 255), und zwischen allen Beteiligten besteht die Pflicht zu gegenseitiger Kooperation, Hilfeleistung und Einigung (BVerfGE 40, 125).

2.3 Kommunale Selbstverwaltungsgarantie

Das in Abs. II festgelegte Recht der Gemeinden und Gemeindeverbände stellt sich als institutionelle Garantie der kommunalen Selbstverwaltung dar. Darunter wird verstanden: eigenverantwortliche Erfüllung der örtlichen Aufgaben durch die Beteiligten mit den Zielen, das örtliche Wohl zu fördern, die geschichtliche und heimatliche Identität zu wahren (BVerfGE 11, 275). Damit sind den kommunalen Gebietskörperschaften eigene Aufgaben und Rechte zugestanden (Planungs-, Finanz-, Organisations-, Gebiets- und Personalhoheit), neben den staatlichen Aufgaben, die von ihnen zu erfüllen sind. Daß diese Aufgaben im Rahmen der bestehenden Gesetze zu erfüllen sind und die Ausübung von eigenen Rechten an diese gebunden ist, versteht sich angesichts des Rechtsstaatsprinzips von selbst.

Artikel 29
(Neugliederungen im Bundesgebiet)

(1) Das Bundesgebiet kann neu gegliedert werden, um zu gewährleisten, daß die Länder nach Größe und Leistungsfähigkeit die ihnen obliegenden Aufgaben wirksam erfüllen können. Dabei sind die landsmannschaftliche Verbundenheit, die geschichtlichen und kulturellen Zusammenhänge, die wirtschaftliche Zweckmäßigkeit sowie die Erfordernisse der Raumordnung und der Landesplanung zu berücksichtigen.

(2) Maßnahmen zur Neugliederung des Bundesgebietes ergehen durch Bundesgesetz, das der Bestätigung durch Volksentscheid bedarf. Die betroffenen Länder sind zu hören.

(3) Der Volksentscheid findet in den Ländern statt, aus deren Gebieten oder Gebietsteilen ein neues oder neu umgrenztes Land gebildet werden soll (betroffene Länder). Abzustimmen ist über die Frage, ob die betroffenen Länder wie bisher bestehen bleiben sollen oder ob das neue oder neu umgrenzte Land gebildet werden soll. Der Volksentscheid für die Bildung eines neuen oder neu umgrenzten Landes kommt zustande, wenn in dessen künftigem Gebiet und insgesamt in den Gebieten oder Gebietsteilen eines betroffenen Landes, deren Landeszugehörigkeit im gleichen Sinne geändert werden soll, jeweils eine Mehrheit der Änderung zustimmt. Es kommt nicht zustande, wenn im Gebiet eines der betroffenen Länder eine Mehrheit die Änderung ablehnt; die Ablehnung ist jedoch unbeachtlich, wenn in einem Gebietsteil, dessen Zugehörigkeit zu dem betroffenen Land geändert werden soll, eine Mehrheit von zwei Dritteln der Änderung zustimmt, es sei denn, daß im Gesamtgebiet des betroffenen Landes eine Mehrheit von zwei Dritteln die Änderung ablehnt.

(4) Wird in einem zusammenhängenden, abgegrenzten Siedlungs- und Wirtschaftsraum, dessen Teile in mehreren Ländern liegen und der mindestens eine Million Einwohner hat, von einem Zehntel der in ihm zum Bundestag Wahlberechtigten durch Volksbegehren gefordert, daß für diesen Raum eine einheitliche Landeszugehörigkeit herbeigeführt werde, so ist durch Bundesgesetz innerhalb von zwei Jahren entweder zu bestimmen, ob die Landeszugehörigkeit gemäß Absatz 2 geändert wird, oder daß in den betroffenen Ländern eine Volksbefragung stattfindet.

(5) Die Volksbefragung ist darauf gerichtet festzustellen, ob eine in dem Gesetz vorzuschlagende Änderung der Landeszugehörigkeit Zustimmung findet. Das Gesetz kann verschiedene, jedoch nicht mehr als zwei Vorschläge der Volksbefragung vorlegen. Stimmt eine Mehrheit einer vorgeschlagenen Änderung der Landeszugehörigkeit zu, so ist durch

Bundesgesetz innerhalb von zwei Jahren zu bestimmen, ob die Landeszugehörigkeit gemäß Absatz 2 geändert wird. Findet ein der Volksbefragung vorgelegter Vorschlag eine den Maßgaben des Absatzes 3 Satz 3 und 4 entsprechende Zustimmung, so ist innerhalb von zwei Jahren nach der Durchführung der Volksbefragung ein Bundesgesetz zur Bildung des vorgeschlagenen Landes zu erlassen, das der Bestätigung durch Volksentscheid nicht mehr bedarf.

(6) Mehrheit im Volksentscheid und in der Volksbefragung ist die Mehrheit der abgegebenen Stimmen, wenn sie mindestens ein Viertel der zum Bundestag Wahlberechtigten umfaßt. Im übrigen wird das Nähere über Volksentscheid, Volksbegehren und Volksbefragung durch ein Bundesgesetz geregelt, dieses kann auch vorsehen, daß Volksbegehren innerhalb eines Zeitraumes von fünf Jahren nicht wiederholt werden können.

(7) Sonstige Änderungen des Gebietsbestandes der Länder können durch Staatsverträge der beteiligten Länder oder durch Bundesgesetz mit Zustimmung des Bundesrates erfolgen, wenn das Gebiet, dessen Landeszugehörigkeit geändert werden soll, nicht mehr als 50 000 Einwohner hat. Das Nähere regelt ein Bundesgesetz, das der Zustimmung des Bundesrates und der Mehrheit der Mitglieder des Bundestages bedarf. Es muß die Anhörung der betroffenen Gemeinden und Kreise vorsehen.

(8) Die Länder können eine Neugliederung für das jeweils von ihnen umfaßte Gebiet oder für Teilgebiete abweichend von den Vorschriften der Absätze 2 bis 7 durch Staatsvertrag regeln. Die betroffenen Gemeinden und Kreise sind zu hören. Der Staatsvertrag bedarf der Bestätigung durch Volksentscheid in jedem beteiligten Land. Betrifft der Staatsvertrag Teilgebiete der Länder, kann die Bestätigung auf Volksentscheide in diesen Teilgebieten beschränkt werden; Satz 5 zweiter Halbsatz findet keine Anwendung. Bei einem Volksentscheid entscheidet die Mehrheit der abgegebenen Stimmen, wenn sie mindestens ein Viertel der zum Bundestag Wahlberechtigten umfaßt; das Nähere regelt ein Bundesgesetz. Der Staatsvertrag bedarf der Zustimmung des Bundestages.

1. Bedeutung der Vorschrift

Art. 29 ist die einzige Vorschrift des GG, das eine plebiszitäre Entscheidung zuläßt. Insoweit kommt ihm bereits eine Sonderstellung zu. Die Vorschrift ermöglicht die Neugliederung des Bundesgebietes im Hinblick auf landsmannschaftliche Zugehörigkeiten ebenso, wie unter wirtschaftlichen Gesichtspunkten zur Herstellung gleicher Lebensverhältnisse der Bürger. Im Hinblick auf die EU wird der Vorschrift möglicherweise zusätzliche Bedeutung beigemessen werden müssen, falls es zu einer Gliederung der EU nach Regionen kommen sollte.

2. Wesentlicher Inhalt der Vorschrift

Neben den Grundlagen, unter denen Neugliederungen vorgenommen werden können (Abs. I) enthält die Vorschrift in den Abs. III bis VI Verfahrensregelungen unter Einbeziehung der Bevölkerung im Wege eines Volksentscheides. Hervorhebenswert erscheint, daß die Neugliederung durch Bundesgesetz zu erfolgen hat (Abs. II), das zwar der Bestätigung durch Volksentscheid, nicht aber der Zustimmung des Bundesrates bedarf.

Darüber hinausgehende Veränderungen der Landesgliederungen, die sich in den in Abs. VII und VIII bezeichneten Grenzen halten, sind auch durch Staatsverträge zwischen den betroffenen Ländern zulässig. Die Regelung durch Bundesgesetz, wie sie in Abs. VII angesprochen wird, ist durch das „Gesetz über das Verfahren bei sonstigen Änderungen des Gebietsbestandes der Länder nach Art. 29 Abs. 7 des Grundgesetzes" vom 30.7.1979 (BGBl. I S. 1325) erfolgt.

Artikel 30
(Allzuständigkeit der Länder)

Die Ausübung der staatlichen Befugnisse und die Erfüllung der staatlichen Aufgaben ist Sache der Länder, soweit dieses Grundgesetz keine andere Regelung trifft oder zuläßt.

1. Bedeutung der Vorschrift

Art. 30 nimmt die grundsätzliche Zuständigkeitsverteilung zwischen Bund und Ländern vor, indem er den Ländern eine allgemeine Kompetenz zur Ausübung von Staatsgewalt zuerkennt. Für die strukturelle Aufgabenverteilung kommt damit der Vorschrift eine zentrale Bedeutung innerhalb des Staatsgefüges zu. Diese Grundsatzentscheidung wird für den Bereich der Exekutive in Art. 83 und für die Gesetzgebung in Art. 70 Abs. 1 wiederholt. Auch Art. 92 läßt die rechtsprechende Gewalt in den Ländern unberührt (BVerfGE 67, 321).

2. Wesentlicher Inhalt der Vorschrift

Art. 30 enthält eine Zuständigkeitsvermutung für die Kompetenz der Länder. Das Grundgesetz sieht jedoch eine Vielzahl von Kompetenzen des Bundes vor, so daß der Vorschrift vornehmlich im Zweifelsfall besondere Bedeutung zu kommt. Zu beachten ist, daß durch die Gesetzgebungszuständigkeiten in den Art. 71 bis 75, 91 a Abs. II, 105, 109 Abs. III umfangreiche Zuweisungen an den Bund erfolgt sind, die diesem ein deutliches Übergewicht bei der Gesetzgebung geben (Katz, RZ 251). Andere Vorrangstellungen stehen dem Bund dagegen nur noch in geringerem Umfang zu: bei auswärtigen Angelegenheiten (Art. 32), den Zöllen und Finanzmonopolen (Art. 105 Abs. 1) und auf dem Gebiet des Finanzwesens (Art. 109).

Artikel 31
(Bundesrechtlicher Vorrang)

Bundesrecht bricht Landesrecht.

1. Bedeutung der Vorschrift

Art. 31 ist eine Kollisionsnorm und gibt an, welches Recht im Falle einer Normenkollision, also ob die Norm des Bundes- oder des Landesgesetzgebers, gilt. Eine solche kollidierende Regelung liegt aber nur dort vor, wo vom Bundes- und dem Landesgesetzgeber gleiche Regelungen gleicher Sachverhalte getroffen worden sind (BVerfGE 26, 135; 36, 363).

2. Wesentlicher Inhalt der Vorschrift

Voraussetzung für die Anwendung der Kollisionsnorm ist, daß zwei Vorschriften, eine des Bundes und eine des Landes miteinander kollidieren, d.h. die Kollisionsnorm hinweg gedacht, müssen beide Normen auf einen Sachverhalt anwendbar sein und bei der Anwendung zu verschiedenen Ergebnissen führen können (BVerfGE 36, 363). Soweit in einem solchen Fall die Kollisionsnorm eingreifen soll, setzt dies weiter voraus, daß beide Gesetzgeber im Rahmen ihrer Kompetenzen gehandelt haben; wenn nämlich ein Gesetzgeber dabei die ihm zustehenden Kompetenzen überschritten hat, so ist die von ihm erlassene Norm schon deshalb verfassungswidrig und nichtig. Eine Kompetenzüberschreitung des Bundesgesetzgebers löst mithin die Rechtswirkungen des Art. 31 nicht aus.

Artikel 32

(Diplomatische Beziehungen)

(1) Die Pflege der Beziehungen zu auswärtigen Staaten ist Sache des Bundes.

(2) Vor dem Abschluß eines Vertrages, der die besonderen Verhältnisse eines Landes berührt, ist das Land rechtzeitig zu hören.

(3) Soweit die Länder für die Gesetzgebung zuständig sind, können sie mit Zustimmung der Bundesregierung mit auswärtigen Staaten Verträge abschließen.

1. Bedeutung der Vorschrift

Art. 32 regelt die Zuständigkeit zwischen Bund und Ländern für die Pflege der Beziehungen zu auswärtigen Staaten.

2. Wesentliche Inhalte der Vorschrift

2.1 Die Pflege von Beziehungen zu auswärtigen Staaten (Abs. I)

Politische Beziehungen zu auswärtigen Staaten können nur durch unmittelbare Willenserklärungen gegenüber den Staaten aufgenommen werden. Der Bundesstaat tritt im völkerrechtlichen Verkehr nur als Einheit auf, so daß politische Beziehungen von Bundesländern, die einen gegensätzlichen politischen Willen als der Bund bekunden, dem Wesen des Bundes widersprechen (BVerfGE 2, 378).

2.2 Vertragliche Mitsprache des Länder (Abs. II)

Durch die Zuständigkeitsverteilung des Art. 32 haben die Länder nur eine Vertragskompetenz.

Im Rahmen des dem Lande zustehenden Vertragsrechtes dürfen sie mit anderen Ländern Verträge abschließen, auch wenn durch den Vertragsinhalt politische Folgen auf den Bund oder das Land zukommen. Die Bundesregierung entscheidet, ob diese Folgen mit ihrer Außenpolitik vereinbar sind, wenn sie den Vertrag genehmigt, oder nicht genehmigt. Die Länder, die außerhalb des Vertragsrechts keinen Anteil an der auswärtigen Gewalt haben, können demnach in Ausübung ihrer verbliebenen Vertragsgewalt keine selbständige Außenpolitik treiben (BVerfGE 2, 379).

2.3 Verträge mit anderen Staaten (Abs. III)

Gem. Abs. III sind die Länder berechtigt, soweit es ihre Zuständigkeit erfaßt, Verträge mit anderen Staaten zu schließen. Allerdings benötigen sie dazu die Genehmigung durch die Bundesregierung (BVerfGE 2, 369 f.).

Artikel 33

(Öffentlicher Dienst)

(1) Jeder Deutsche hat in jedem Lande die gleichen staatsbürgerlichen Rechte und Pflichten.

(2) Jeder Deutsche hat nach seiner Eignung, Befähigung und fachlichen Leistung gleichen Zugang zu jedem öffentlichen Amte.

(3) Der Genuß bürgerlicher und staatsbürgerlicher Rechte, die Zulassung zu öffentlichen Ämtern sowie die im öffentlichen Dienst erworbenen Rechte sind unabhängig von dem re-

ligiösen Bekenntnis. Niemandem darf aus seiner Zugehörigkeit oder Nichtzugehörigkeit zu einem Bekenntnis oder einer Weltanschauung ein Nachteil erwachsen.

(4) Die Ausübung hoheitsrechtlicher Befugnisse ist als ständige Aufgabe in der Regel Angehörigen des öffentlichen Dienstes zu übertragen, die in einem öffentlich-rechtlichen Dienst- und Treueverhältnis stehen.

(5) Das Recht des öffentlichen Dienstes ist unter Berücksichtigung der hergebrachten Grundsätze des Berufsbeamtentums zu regeln.

1. Bedeutung der Vorschrift

Art. 33 kommt als einer besonderen Ausprägung des Gleichheitssatzes im Hinblick auf die staatsbürgerlichen Rechte in gleicher Weise Bedeutung zu, wie für die Garantie des Berufsbeamtentums als einer neutralen, den Staat erhaltenden Kraft. In dieser Ausprägung enthält die Vorschrift sowohl grundrechtsgleiche Verbürgungen, als auch institutionelle Garantien und Aufträge an den Gesetzgeber.

2. Wesentliche Inhalte der Vorschrift

2.1 Abs. I stellt alle Bürger der Bundesrepublik hinsichtlich ihrer staatsbürgerlichen Rechte und Pflichten gleich. Daraus folgt, daß Landeskinderprivilegien unzulässig sind, soweit sie sich nicht aus der Zugehörigkeit zu dem jeweiligen Bundesland naturnotwendig ergeben. Folge dessen sind eine Reihe von Gleichstellungsvereinbarungen durch die Landesregierungen, soweit die Länder in Ausschöpfung ihrer Kompetenzen unterschiedliche Regelungen z.B. in den Bereichen Polizei, Schulen oder sonstiger öffentlicher Dienst erlassen haben.

2.2 Durch Abs. II wird das Prinzip der Bestenauslese beim Zugang zu öffentlichen Ämtern postuliert. Dabei geht es um die Einstellung in den Dienst jedweder Körperschaft, Anstalt oder Stiftung des öffentlichen Rechts, nur nicht der Kirchen (BVerwGE 28, 351). Abs. II gibt dem Einzelnen allerdings nicht das Recht, die Einstellung verlangen oder durchsetzen zu können, sondern gewährt nur einen Anspruch auf die ermessensgerechte Durchführung des Bewerberauswahlverfahrens; allerdings kann sich dieser Anspruch im Einzelfall zu einem solchen auf Einstellung verdichten, wenn der objektiv beste Bewerber fehlerhaft nicht eingestellt wurde und die Wahl auf einen weniger geeigneten Bewerber gefallen war (BVerfG, DVBl. 1989, 1247). Maßgeblich sind bei der Bewerberauswahl Eignung, Befähigung und fachliche Leistung für den jeweiligen Arbeitsplatz/Dienstposten und ggfs. die sich damit erschließende Laufbahn. Hierzu gehört auch das Bekenntnis zur freiheitlich-demokratischen Grundordnung, ohne dessen Vorliegen der Bewerber als charakterlich ungeeignet betrachtet wird.

2.3 Abs. III wiederholt die ausdrückliche Verpflichtung des Art. 3, keine Differenzierung wegen der religiösen Zugehörigkeit vorzunehmen, und bezieht sie auf die staatsbürgerlichen Rechte und Pflichten wie auf den Zugang zu öffentlichen Ämtern.

2.4 Der in Abs. IV vorgegebene Funktionsvorbehalt behält in der Verfassungswirklichkeit seine Berechtigung heute noch vornehmlich im Bereich der Bundeswehr und der Polizei. In nahezu allen anderen Bereichen ist er unterlaufen, so daß festzustellen ist, daß nicht nur Angehörige des öffentlichen Dienstes, die sich in einem öffentlich-rechtlichen Dienstverhältnis befinden, derartige Aufgaben wahrnehmen, sondern auch solche in einem privatrechtlichen Arbeitsverhältnis (vgl. z.B. BVerfG, PersV 1995, 553). Gleichwohl ist Abs. IV als die institutionelle Garantie des Berufsbeamtentums zu verstehen.

Die hergebrachten Grundsätze des Berufsbeamtentums sind solche, deren Geltung bereits in das Reichsbeamtengesetz vor dem Ersten Weltkrieg zurückverfolgt werden kann (BVerfGE 9, 286). Dazu gehören insbesondere: lebenslanges Dienstverhältnis (BVerfGE 70, 267), Treuepflicht des Beamten, Fürsorgepflicht des Dienstherren (BVerfGE 43, 165), Neutralität und politische Zurückhaltung (BVerfG, NJW 1983, 2691), Alimentationsprinzip (BVerfGE 71, 62). Diese Grundsätze sind bei Neuregelungen zu beachten, d.h. nicht, sie in neues Recht umsetzen zu müssen, wohl aber keine davon losgelöste, neue Struktur zu schaffen (BVerfGE 15, 195).

Artikel 34
(Haftung bei Amtspflichtverletzung)

Verletzt jemand in Ausübung eines ihm anvertrauten öffentlichen Amtes die ihm einem Dritten gegenüber obliegende Amtspflicht, so trifft die Verantwortlichkeit grundsätzlich den Staat oder die Körperschaft, in deren Dienst er steht. Bei Vorsatz oder grober Fahrlässigkeit bleibt der Rückgriff vorbehalten. Für den Anspruch auf Schadensersatz und für den Rückgriff darf der ordentliche Rechtsweg nicht ausgeschlossen werden.

1. Bedeutung der Vorschrift

Art. 34 leitet den nach § 839 BGB bestehenden Amtshaftungsanspruch auf den Staat über. Damit wird der Geschädigte hinsichtlich seines Anspruchs gesichert, da der Staat der potentere Schuldner ist, und der Beamte im haftungsrechtlichen Sinne wird zunächst von der Haftung befreit, soweit nicht Rückgriffsrechte oder andere landesrechtliche Haftungsvorschriften bestehen.

2. Wesentliche Inhalte der Vorschrift

2.1 Die Haftung für eine hoheitliche Pflichtverletzung eines Amtsträgers trifft die Körperschaft, in deren Diensten dieser Beamte steht.

2.2 Die Haftung ist nicht auf Beamte beschränkt, sondern erfaßt jeden, der im Auftrage einer juristischen Person des öffentlichen Rechts deren hoheitliche Aufgaben wahrnimmt. Auch eine Person, die aus Gefälligkeit solche Tätigkeiten übernimmt, ist damit von der Haftung zunächst freigestellt (z.B. begleitende Mutter auf einer Klassenfahrt).

2.3 Art. 34 gibt keinen Freibrief haftungsrechtlicher Art. Der Amtsträger kann und wird nach den landesrechtlichen wie den bundesrechtlichen Vorschriften im Regelfall dann zur Rückgriffshaftung herangezogen, wenn er grobfahrlässig oder vorsätzlich gehandelt hat. Die Freistellung von Haftung im Falle der Fahrlässigkeit dient dazu, die Entscheidungsbereitschaft der im öffentlichen Dienst Tätigen nicht zu lähmen.

Artikel 35
(Rechts- und Amtshilfe)

(1) Alle Behörden des Bundes und der Länder leisten sich gegenseitig Rechts- und Amtshilfe.

(2) Zur Aufrechterhaltung oder Wiederherstellung der öffentlichen Sicherheit oder Ordnung kann ein Land in Fällen von besonderer Bedeutung Kräfte und Einrichtungen des Bundesgrenzschutzes zur Unterstützung seiner Polizei anfordern, wenn die Polizei ohne diese Unterstützung eine Aufgabe nicht oder nur unter erheblichen Schwierigkeiten erfüllen könnte. Zur Hilfe bei einer Naturkatastrophe oder bei einem besonders schweren Un-

glücksfall kann ein Land Polizeikräfte anderer Länder, Kräfte und Einrichtungen anderer Verwaltungen sowie des Bundesgrenzschutzes und der Streitkräfte anfordern.

(3) Gefährdet die Naturkatastrophe oder der Unglücksfall das Gebiet mehr als eines Landes, so kann die Bundesregierung, soweit es zur wirksamen Bekämpfung erforderlich ist, den Landesregierungen die Weisung erteilen, Polizeikräfte anderen Ländern zur Verfügung zu stellen, sowie Einheiten des Bundesgrenzschutzes und der Streitkräfte zur Unterstützung der Polizeikräfte einsetzen. Maßnahmen der Bundesregierung nach Satz 1 sind jederzeit auf Verlangen des Bundesrates, im übrigen unverzüglich nach Beseitigung der Gefahr aufzuheben.

1. Bedeutung der Vorschrift

Art. 35 ist notwendige Konsequenz der Gewaltenteilung und der Zuständigkeitsverteilung zwischen Bund und Ländern (BVerfGE 31, 46) und drückt die Einheitlichkeit der Staatsorganisation aus (BVerfGE 7, 190).

2. Wesentliche Inhalte der Vorschrift

2.1 Rechts- und Amtshilfe ist die Kooperation zwischen voneinander unabhängigen Gerichten oder Behörden, also keine Zusammenarbeit innerhalb einer bestehenden Weisungsbefugnis oder Hierarchie und kann sich auf allen Bereichen eines notwendigen Beistandes ereignen; soweit es dabei allerdings um Handlungen oder Verfahren geht, die in Verfahrensordnungen geregelt sind, findet die Hilfe auch nur im Rahmen dieser Vorschriften und in deren vorgesehenen Formen statt.

2.2 Abs. II gibt die Rechtsgrundlage für den Einsatz des BGS als Polizei des Bundes in besonderen Gefahrenlagen. Darüber hinaus berechtigt die Vorschrift zur Anforderung landesübergreifender polizeilicher Hilfe und zum Einsatz der Bundeswehr in Katastrophenfällen.

2.3 Abs. III regelt schließlich die besondere Kompetenz der Bundesregierung, bei länderübergreifenden Katastrophen Hilfeleistungen anzuordnen. Die Besonderheit dieses Falles wird durch Satz 2 hervorgehoben: die Maßnahmen sind auf Verlangen des Bundesrates aufzuheben, im übrigen unverzüglich nach Beseitigung der Gefahr.

Artikel 36
(Landsmannschaftsprinzip bei Bundesbehörden)

(1) Bei den obersten Bundesbehörden sind Beamte aus allen Ländern in angemessenem Verhältnis zu verwenden. Die bei den übrigen Bundesbehörden beschäftigten Personen sollen in der Regel aus dem Lande genommen werden, in dem sie tätig sind.

(2) Die Wehrgesetze haben auch die Gliederung des Bundes in Länder und ihre besonderen landsmannschaftlichen Verhältnisse zu berücksichtigen.

1. Bedeutung der Vorschrift

Art. 36 behandelt den Aufbau von Bundesbehörden unter landsmannschaftlichen Gesichtspunkten und schließt die Berücksichtigung der landsmannschaftlichen Verhältnisse bei den Wehrgesetzen mit ein.

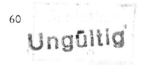

2. Wesentliche Inhalte der Vorschrift

2.1 Bundesbehörden

2.1.1 Die obersten Bundesbehörden (Abs. I, S. 1)

Satz 1 behandelt die Bundesbehörden. Im Interesse des Bundes werden alle Teile des Bundesgebietes bei der Stellenvergabe berücksichtigt, damit in der Zentralbürokratie ein großes Spektrum der Bewohner unterschiedlicher Bundesländer vorhanden ist, und damit die Vielseitigkeit und Informationsbreite gesichert sind.

2.1.2 Die übrigen Bundesbehörden (Abs. I, S. 2)

In Abs. II, S. 1 wird das Heimatprinzip für die Beschäftigten bei den übrigen Bundesbehörden festgelegt. Von diesem Prinzip kann jedoch im Einzelfall abgesehen werden.

2.2 Wehrgesetze (Abs. II)

Abs. II gibt an, daß bei der Zusammenstellung der Streitkräfte der Masse die Truppe landsmannschaftlich zusammenzustellen ist. Allerdings stellt Art. 36 Abs. II lediglich einen Programmsatz für den Gesetzgeber dar.

Artikel 37

(Bundeszwang)

(1) Wenn ein Land die ihm nach dem Grundgesetz oder einem anderen Bundesgesetz obliegenden Bundespflichten nicht erfüllt, kann die Bundesregierung mit Zustimmung des Bundesrates die notwendigen Maßnahmen treffen, um das Land im Wege des Bundeszwanges zur Erfüllung seiner Pflichten anzuhalten.

(2) Zur Durchführung des Bundeszwanges hat die Bundesregierung oder ihr Beauftragter das Weisungsrecht gegenüber allen Ländern und ihren Behörden.

1. Bedeutung der Vorschrift

Art. 37 kommt die Ausfüllung der Gewährleistungsverpflichtung des Art. 28 Abs. III zu, aber auch die Funktion, die Wahrung der Gesamtverfassung zu sichern (BVerfGE 13, 79). Der Bund soll mit der Zwangskompetenz die Länder anhalten können, ihre Pflichten zu erfüllen. Eine Alternative bietet ein Antrag beim BVerfG nach Art. 92 Abs. I Nrn. 2 oder 3, wobei dem Bund diesbezüglich Ermessensfreiheit für die Vorgehensweise eingeräumt ist (BVerfGE 7, 372).

2. Wesentliche Inhalte der Vorschrift

2.1 Das Recht, den Bundeszwang auszuüben, steht der Bundesregierung als Organ (Art. 62) zu, nicht einem einzelnen Minister. Die Anordnung bzw. Feststellung bedarf der Zustimmung des Bundesrates. Die Anordnung muß zugleich auch die notwendigen Maßnahmen festlegen.

2.2 Die Anordnung kann sich nur gegen eine oberste Landesbehörde richten. In welcher Weise die BReg. vorgeht, regelt das GG nicht; in Betracht kommen insbesondere finanzielle Maßnahmen, ggfs. aber auch die Einsetzung eines Bundeskommissars.

2.3 Die in Abs. II eingeräumte Weisungsbefugnis richtet sich auf alle Landesbehörden, also

auch solche einer unteren Hierarchiestufe, wenn der Bundeszwang durchgesetzt werden soll. Während die Anordnung selbst der Entscheidung der BReg. als Gremium bedarf, steht es ihr für die Durchführung frei, sich eines Bevollmächtigten zu bedienen, der in seinen Befugnissen nicht eingeschränkt ist.

III. Der Bundestag

Artikel 38

(Bundestagswahl)

(1) Die Abgeordneten des Deutschen Bundestages werden in allgemeiner unmittelbarer, freier, gleicher und geheimer Wahl gewählt. Sie sind Vertreter des ganzen Volkes, an Aufträge und Weisungen nicht gebunden und nur ihrem Gewissen unterworfen.

(2) Wahlberechtigt ist, wer das achtzehnte Lebensjahr vollendet hat; wählbar ist, wer das Alter erreicht hat, mit dem die Volljährigkeit eintritt.

(3) Das Nähere bestimmt ein Bundesgesetz.

1. Bedeutung der Vorschrift

Die Vorschrift ist Ausprägung des Gewaltenteilungsprinzips und regelt die Wahl zur Volksvertretung. Daneben stellt sie die Position der gewählten Vertreter klar, insbesondere steht diese Vorschrift gegen die Annahme eines imperativen Mandats.

2. Wesentliche Inhalte der Vorschrift

2.1 Die fünf in Abs. I genannten Wahlgrundsätze sind zugleich auch als allgemeine Rechtsprinzipien zu verstehen. *Allgemein:* jeder Staatsbürger darf wählen, wenn er die Voraussetzungen des Abs. II erfüllt. Ein Ausschluß von besonderen Gruppen ist unzulässig (BVerfGE 15, 166). *Unmittelbar:* Die Mitglieder des deutschen Bundestages werden durch die Bürger gewählt, eine Trennung der Bürger vom Mandatsträger, z.B. durch Wahlmänner o.ä., ist ausgeschlossen (BVerfGE 47, 279). *Frei:* Jede Form von Wahlbeeinflussung beim Wahlgang ist unzulässig (BVerfGE 15, 166). Eine Beschränkung der möglichen Vertreter durch formelle Wählbarkeitsvoraussetzungen oder Begrenzungen des Wahlvorschlagsrechts ist unstatthaft (BVerfGE 41, 417). *Gleich:* Jede Wählerstimme hat gleiches Gewicht, also gleichen Einfluß auf das Wahlergebnis, d.h., daß auch bei der Wahlkreiseinteilung so vorzugehen ist, daß die Wahlkreise annähernd gleich groß sind. *Geheim:* Der Wähler muß seine Stimme unbeobachtet und nicht rückverfolgbar abgeben können.

2.2 Die Beschreibung der Position der Abgeordneten macht deutlich, daß sie nicht für ihre Wähler oder Parteimitglieder im Bundestag (BT) sitzen, sondern daß sie alle Bürger zu vertreten haben.

Ihre Gewissensunterworfenheit soll ihre Unabhängigkeit sichern. Einflüsse wie Parteidisziplin u.ä. sind damit nicht ausgeschlossen, solange der Abgeordnete sich dem freiwillig und aus Überlegung unterwirft. Ein förmlicher Fraktionszwang i.S. einer Bindung an Mehrheitsbeschlüsse der Fraktion ist verfassungswidrig, wenn an die Nichteinhaltung Sanktionen gebunden sind (BVerfGE 44, 318). Damit einher geht auch, daß Abgeordnete nicht abberufen werden können, auch dann nicht, wenn sie ihre Fraktion oder die Partei, für die sie in den BT gewählt worden sind, verlassen (BVerfGE 2, 72).

2.3 Abs. II regelt ausschließlich das Wahl- und das Wählbarkeitsalter. Weitere Voraussetzung für Wahlrecht und Wählbarkeit können durch ein Bundesgesetz i.S. des Abs. III, das bereits erlassene Bundeswahlgesetz, festgelegt werden.

Artikel 39

(Legislaturperiode)

(1) Der Bundestag wird auf vier Jahre gewählt. Seine Wahlperiode endet mit dem Zusammentritt eines neuen Bundestages. Die Neuwahl findet frühestens fünfundvierzig, spätestens siebenundvierzig Monate nach Beginn der Wahlperiode statt. Im Falle einer Auflösung des Bundestages findet die Neuwahl innerhalb von sechzig Tagen statt.

(2) Der Bundestag tritt spätestens am dreißigsten Tage nach der Wahl zusammen.

(3) Der Bundestag bestimmt den Schluß und den Wiederbeginn seiner Sitzungen. Der Präsident des Bundestages kann ihn früher einberufen. Er ist hierzu verpflichtet, wenn ein Drittel der Mitglieder, der Bundespräsident oder der Bundeskanzler es verlangen.

1. Bedeutung der Vorschrift

Die Vorschrift begrenzt die Legislaturperiode des Bundestages und zielt auf eine zügige, praktische Umsetzung von Neuwahlen ab.

2. Wesentliche Inhalte der Vorschrift

2.1 Wahlperioden / Legislaturperioden

2.1.1 Dauer einer Legislaturperiode des Bundestags (Abs. I, S. 1)

Die Wahlperiode des Deutschen Bundestages dauert gemäß Art. 39 Abs. I, S. 1 vier Jahre. Nach dem Bundesverfassungsgericht gehört es zu den grundlegenden Prinzipien eines freiheitlichen demokratischen Rechtsstaates, daß die Volksvertretungsgruppen in regelmäßigen, im voraus bestimmten Abständen durch Wahlen abgelöst und neu legitimiert werden (BVerfGE 18, 154; Leibholz/Rinck/Hesselberger, RZ 1 zu Art. 39). Ebensowenig wie die laufende Legislaturperiode außerhalb des vorgesehenen Verfahrens verlängert werden darf (BVerfGE 1, 33; 18, 154), darf sie entgegen den Bestimmungen des GG verkürzt werden (BVerfGE 62, 32).

Eine vorzeitige Auflösung des Bundestages ist nur durch den Bundespräsidenten und in den Fällen des Art. 63 Abs. IV und des Art. 68 zulässig. Der Bundestag hat kein Recht, sich selbst aufzulösen.

2.1.2 Beginn bzw. Ende der Legislaturperiode (Abs. I, S. 2)

Die Wahlperiode beginnt, spätestens am dreißigsten Tag nach der Wahl, mit dem ersten Zusammentritt des Bundestages.

Die Wahlperiode endet damit, daß der neue Bundestag zusammentritt. Da somit Ende und Anfang der jeweiligen Wahlperiode zusammenfallen, also einen Kreislauf bilden, ist das Parlament der Bundesrepublik Deutschland immer handlungsfähig, da keine Zeit für die Zusammenstellung des neuen Bundestags verloren geht, weil der neue Bundestag bereits formiert ist.

Dies begründet auch die Kontinuität des Bundestages in dem Sinne, daß er regelmäßig alle Handlungen und Entscheidungen des Parlaments in seiner vorherigen Zusammensetzung für und gegen sich gelten lassen muß, alle vorher erlassenen Gesetze gleichsam ständig in seinen Beschlüssen (fiktiv und fingiert) berücksichtigt und keine Verantwortung vom derzeitigen auf den vorherigen Bundestag verlagert werden kann. Die Identität der gesetzgebenden Körperschaften wird durch Neuwahl ihrer Mitglieder nicht berührt. In einem Verfassungsstreit, an dem ein Parlament beteiligt ist, ist es daher unerheblich, daß das Parlament nach Einreichung des Antrages neu gewählt worden ist (BVerfGE 4, 152).

2.1.3 Regelungen der Neuwahl (Abs. I, Sätze 3, 4)

Die Sätze 3 und 4 des Abs. I regeln, in welchen Abständen die regulären Neuwahlen, bzw. die Neuwahlen nach einer Bundestagsauflösung stattzufinden haben.

2.2 Erster Zusammentritt des Bundestag (Abs. II)

Art. 39 Abs. II legt eine Frist von dreißig Tagen nach der Wahl bzw. Neuwahl für den ersten Zusammentritt des Bundestag fest, damit das neue Wahlergebnis zügig wirken kann.

2.3 Sitzungen des Bundestages

Der Bundestag legt den Schluß und den Wiederbeginn der Sitzung selbst fest und vertagt sich von Sitzung zu Sitzung. Der Bundestagspräsident kann den Bundestag gem. §§ 20 Abs. V, 21 Abs. I, III GeschO des BT selbständig einberufen. Ferner unterliegt er der Einberufungspflicht, wenn ihn der Bundeskanzler, der Bundespräsident oder ein Drittel des Bundestags danach ersuchen. Er ist auch dann dazu verpflichtet, wenn die Mehrheit diese Einberufung gar nicht möchte.

Artikel 40

(Leitung, Verfahren)

(1) Der Bundestag wählt seinen Präsidenten, dessen Stellvertreter und die Schriftführer. Er gibt sich eine Geschäftsordnung.

(2) Der Präsident übt das Hausrecht und die Polizeigewalt im Gebäude des Bundestages aus. Ohne seine Genehmigung darf in den Räumen des Bundestages keine Durchsuchung oder Beschlagnahme stattfinden.

1. Bedeutung der Vorschrift

Art. 40 GG weist den Bundestag als besonderes Organ aus und regelt die Kompetenzen des Bundestagspräsidenten (Art. 40 Abs. II). Ferner gewährleistet er dem Parlament autonome Rechte, sodaß sich also der Bundestag durch die Geschäftsordnung selbst verwalten und organisieren kann.

2. Wesentliche Inhalte der Vorschrift

2.1 Geschäftsordnung

Art. 40 Abs. I, S. 2 gibt an, daß sich der Bundestag eine Geschäftsordnung geben kann, mit der er seine Angelegenheiten, seine Organisation und seine Verwaltung selbst regelt. Allerdings erstreckt sich dieses Recht auch auf Bereiche wie „Geschäftsgang" und „Disziplin" (BVerfGE 80, 218; 44, 315f.; Leibholz/Rinck/Hesselberg, RZ 12 zu Art. 40), wobei als Richtlinie für die Regelung und die Ausgestaltung der Organisation, sowie des Geschäftsganges, das Prinzip der Beteiligung aller Abgeordneten sein muß (BVerfGE 80, 219; Leibholz/Rinck/Hesselberger, RZ 13 zu Art. 40). Ferner regelt der Bundestag auch den Ablauf des Gesetzgebungsverfahren, sofern dies das Grundgesetz nicht selbst tut (BVerfGE 80, 219; 1, 151 f.).

Nach der h.M. ist die Geschäftsordnung das Bundestag eine autonome Satzung, deren Bestimmungen grundsätzlich nur für die Mitglieder des Bundestags gelten. Sie gelten nur für die Dauer der Wahlperiode des Bundestag, der die Geschäftsordnung beschlossen hat, obwohl es möglich und sogar in der Praxis die Regel ist, daß das nächste Parlament die in Kraft befindliche Geschäftsordnung des früheren Parlaments durch ausdrücklichen Beschluß oder stillschweigend übernimmt. Ungeachtet ihrer großen Bedeutung für das materielle Verfassungsrecht und das Verfassungsleben folgt aus dieser Rechtsnatur der Geschäftsordnung , daß sie der geschriebenen Verfassung und den Gesetzen im Range nachsteht (BVerfGE 1, 144, 148; 44, 315).

2.2 Der Präsident des Deutschen Bundestages (Abs. II)

Der Präsident des des Deutschen Bundestages ist zur Vertretung des Bundestages in Verfassungsstreitigkeiten befugt. Als Vertreter des Bundestages nimmt der Präsident vor dem Bundesverfassungsgericht die Anliegen des Bundestages als Gesamtheit, nicht die Anliegen einer Mehrheit wahr (BVerfGE 1, 116).

Artikel 41

(Wahlprüfungsverfahren)

(1) Die Wahlprüfung ist Sache des Bundestages. Er entscheidet auch, ob ein Abgeordneter des Bundestages die Mitgliedschaft verloren hat.

(2) Gegen die Entscheidung des Bundestages ist die Beschwerde an das Bundesverfassungsgericht zulässig.

(3) Das Nähere regelt ein Bundesgesetz.

1. Bedeutung der Vorschrift

Art. 41 regelt die Zuständigkeit und das Verfahren zur Überprüfung der Gültigkeit einer Bundestagswahl.

2. Wesentliche Inhalte der Vorschrift

2.1 Die Prüfung der Gültigkeit einer Wahl, also ihres Ergebnisses aber auch all ihrer tragenden Wahlvorgänge ist Angelegenheit des gesamten Bundestages, nicht etwa eines Wahlprüfungsausschusses allein. Dieses versteht sich als erstinstanzliche Zuständigkeit.

2.2 Gegen die Entscheidung des Bundestages kann mit der Beschwerde das BVerfG angerufen werden.

2.3 Ein Wahlprüfungsverfahren erfolgt nicht von Amts wegen, sondern nur auf Antrag bzw. Einspruch gegen die Wahl oder Teile von ihr. Einzelheiten dazu regelt das Wahlprüfungsgesetz v. 12.3.1951 (BGBl. I S. 166) zul. geänd. d. Bek. v. 30.9.1995 (BGBl. I S. 1246).

Artikel 42

(Sitzungen, Beschlußfassung)

(1) Der Bundestag verhandelt öffentlich. Auf Antrag eines Zehntels seiner Mitglieder oder auf Antrag der Bundesregierung kann mit Zweidrittelmehrheit die Öffentlichkeit ausgeschlossen werden. Über den Antrag wird in nichtöffentlicher Sitzung entschieden.

(2) Zu einem Beschlusse des Bundestages ist die Mehrheit der abgegebenen Stimmen erforderlich, soweit dieses Grundgesetz nichts anderes bestimmt. Für die vom Bundestage vorzunehmenden Wahlen kann die Geschäftsordnung Ausnahmen zulassen.

(3) Wahrheitsgetreue Berichte über die öffentlichen Sitzungen des Bundestages und seiner Ausschüsse bleiben von jeder Verantwortlichkeit frei.

1. Bedeutung der Vorschrift

Die Vorschrift des Art. 42 regelt die Öffentlichkeit der Sitzungen sowie die Beschlußfassung des Bundestages.

2. Wesentliche Inhalte der Vorschrift

2.1 Öffentliche Verhandlungen (Abs. I)

Art. 42 Abs. I bezieht sich hinsichtlich der Öffentlichkeit der Verhandlungen nur auf solche des Plenums. Ausschußsitzungen sind demgegenüber nicht öffentlich ,soweit ein Gesetz nichts anderes bestimmt. Unter Öffentlichkeit versteht man den Zugang für jedermann, soweit dies von den Räumlichkeiten her möglich ist. Die Öffentlichkeit kann jedoch ausgeschlossen werden, wenn ein Zehntel der Mitglieder des Bundestages oder die Bundesregierung einen diesbezüglichen Antrag stellen, und dieser Antrag mit Zweidrittelmehrheit der Abstimmenden – nicht der Anwesenden – angenommen wird.

Ein Abgeordneter hat im Gesetzgebungsverfahren nicht nur das Recht, im Bundestag abzustimmen (zu beschließen). Er hat auch das Recht zu beraten (zu verhandeln).

Öffentliches Verhandeln von Argument und Gegenargument, öffentliche Debatte und öffentliche Diskussion sind wesentliche Elemente des demokratischen Parlamentarismus. Gerade das im parlamentarischen Verfahren gewährleistete Maß an Öffentlichkeit der Auseinandersetzung und Entscheidungssuche eröffnet Möglichkeiten eines Ausgleichs widerstreitender Interessen, die bei weniger transparenten Vorgehen sich nicht so ergäben (BVerfGE 70, 355; 40, 249).

2.2 Beschlußfassung (Abs. II)

Die Beschlußfassung des Bundestages benötigt grundsätzlich nur die einfache Mehrheit. Die Abstimmungsenthaltung ist möglich.Ungültige Stimmen und nicht abgegebene Stimmen werden als Enthaltungen gerechnet. Die Bundestagsbeschlüsse erhalten mit ihrer Verkündung Rechtsgültigkeit. Eine Änderung der Beschlüsse kommt nur in Betracht, wenn der Bundestag selbst seine Beschlüsse wieder aufhebt.

2.3 Berichte über öffentliche Sitzungen

Die Freiheit von Verantwortlichkeit gilt für jedermann, und sichert die uneingeschränkte Öffentlichkeit von Parlamentsverhandlungen. Der Schutz bezieht sich auf Berichte, auch gekürzte Berichte, solange diese dadurch nicht irreführend sind, und von der Wahrheit abweichen.

Artikel 43

(Anwesenheitspflicht der Bundesregierung)

(1) Der Bundestag und seine Ausschüsse können die Anwesenheit jedes Mitgliedes der Bundesregierung verlangen.

(2) Die Mitglieder des Bundesrates und der Bundesregierung sowie ihre Beauftragten haben zu allen Sitzungen des Bundestages und seiner Ausschüsse Zutritt. Sie müssen jederzeit gehört werden.

1. Bedeutung der Vorschrift

Mit Art. 43 begründet das Grundgesetz die Rechtfertigungspflicht der Regierung gegenüber dem Parlament, aber auch den Anspruch der Regierung, dem Parlament gegenüber bei allen Beratungen Stellung nehmen zu können.

2. Wesentliche Inhalte der Vorschrift

2.1 Recht auf Anwesenheit (Abs. I)

Dem Bundestag und seinen Ausschüssen steht das Recht auf Anordnung der Anwesenheit und des Erscheinens jedes Mitgliedes der Bundesregierung zu. Damit verbunden haben Ausschüsse und Bundestag ein Fragerecht mit Pflicht zur Beantwortung der Fragen durch die Bundesregierung (BVerfGE 13, 125). Über Umfang und Zeitpunkt der Beantwortung entscheidet die Bundesregierung.

2.2 Recht auf Zutritt und Gehör (Abs. II)

Die Redebefugnis der Regierungsmitglieder nach Art. 43 Abs. II, S. 2 kann durch den Bundestag nicht beschränkt werden. Sie findet ihre Grenze lediglich im Mißbrauchsverbot (BVerfGE 10, 18).

Artikel 44

(Untersuchungsausschüsse)

(1) Der Bundestag hat das Recht und auf Antrag eines Viertels seiner Mitglieder die Pflicht, einen Untersuchungsausschuß einzusetzen, der in öffentlicher Verhandlung die erforderlichen Beweise erhebt. Die Öffentlichkeit kann ausgeschlossen werden.

(2) Auf Beweiserhebungen finden die Vorschriften über den Strafprozeß sinngemäß Anwendung. Das Brief-, Post- und Fernmeldegeheimnis bleibt unberührt.

(3) Gerichte und Verwaltungsbehörden sind zur Rechts- und Amtshilfe verpflichtet.

(4) Die Beschlüsse der Untersuchungsausschüsse sind der richterlichen Erörterung entzogen. In der Würdigung und Beurteilung des der Untersuchung zugrunde liegenden Sachverhaltes sind die Gerichte frei.

1. Bedeutung der Vorschrift

Auch wenn sich aus dem in Art. 44 dem Parlament zugestandenen Enquêterecht eine gleichsam gerichtliche Zuständigkeit ergibt (Maunz/Dürig/Herzog/Scholz, RZ 1), folgt das GG damit dem Prinzip einer Überwachung der Exekutive durch das Parlament.

2. Wesentliche Inhalte der Vorschrift

2.1 Der Bundestag kann mehrheitlich Untersuchungsausschüsse einsetzen, um innerhalb seines verfassungsmäßigen Aufgabenkreises mit einem Hilfsorgan Aufklärung zu betreiben. Dazu gehören auch die Aufgaben der Bundesverwaltung, auch der mittelbaren Bundesverwaltung. Im Bereich der Landesverwaltung ist dem BT die Untersuchung jedoch verwehrt, soweit es sich nicht um Verstöße gegen die Bundestreue handeln sollte.

2.2 Um Mißbräuche auszuschließen, sieht das GG auch vor, daß ein Viertel der Abgeordneten des BT ebenfalls die Einsetzung eines Untersuchungsausschusses verlangen kann. Dadurch wird der entsprechende Zwang zur Einsetzung ausgeübt.

2.3 Durch den Verweis in Abs. II stehen den Untersuchungsausschüssen die strafgerichtlichen Zwangsbefugnisse zur Einholung eines Beweises zur Seite.

2.4 Der Ausschluß gerichtlicher Überprüfung von Beschlüssen der Untersuchungsausschüsse ist nur auf die ergebnisfeststellenden Beschlüsse zu beziehen (Maunz/Dürig/Herzog/Scholz, RZ 65). Diese Ausnahme von Art. 19 Abs. IV kann sich demgegenüber nicht auch auf Ordnungsmaßnahmen gegenüber Zeugen oder zwangsweise Ladungen erstrecken.

Artikel 45

(EU-Ausschuß)

Der Bundestag bestellt einen Ausschuß für die Angelegenheiten der Europäischen Union. Er kann ihn ermächtigen, die Rechte des Bundestages gemäß Artikel 23 gegenüber der Bundesregierung wahrzunehmen.

1. Bedeutung der Vorschrift

Um in Zuge der Zusammenarbeit mit dem Bundestag im Rahmen des Art. 23 ein Gremium zu schaffen, mit einer ständige Abstimmung und ein ständiger Gedankenaustausch möglich ist, wird durch Art. 45 ein spezieller, vierter verfassungsrechtlich geregelter Ausschuß geschaffen. Bei entsprechender Ermächtigung kann er die Stellungnahmen des Bundestages zu Rechtsetzungsakten der EU abgeben.

Artikel 45 a

(Ausschüsse für Verteidigung und auswärtige Angelegenheiten)

(1) Der Bundestag bestellt einen Ausschuß für auswärtige Angelegenheiten und einen Ausschuß für Verteidigung.

(2) Der Ausschuß für Verteidigung hat auch die Rechte eines Untersuchungsausschusses. Auf Antrag eines Viertels seiner Mitglieder hat er die Pflicht, eine Angelegenheit zum Gegenstand seiner Untersuchung zu machen.

(3) Artikel 44 Abs. 1 findet auf dem Gebiet der Verteidigung keine Anwendung.

1. Bedeutung der Vorschrift

Durch Art. 45 a erhalten die Ausschüsse für Verteidigung und für auswertige Angelegenheiten eine Sonderstellung gegenüber den übrigen Fachausschüssen (Maunz/Dürig/Herzog/Scholz, RZ 1 zu Art. 45 a).

2. Wesentliche Inhalte der Vorschrift

2.1 Bestellung des Ausschusses für Verteidigung, bzw. für auswärtige Angelegenheiten (Abs. I)

Das Recht der Ausschüsse findet seine Regelungen in der Geschäftsordnung des Bundestages. Es steht dem Bundestag grundsätzlich frei, Ausschüsse zu bilden. Insgesamt werden jedoch vier Ausschüsse durch das Grundgesetz verlangt.

Auswärtige Angelegenheiten sind alle Angelegenheiten mit notwendiger und unmittelbarer Beziehungen zum Ausland, die sich aus der Stellung der Bundesrepublik als Völkerrechtssubjekt ergeben (BVerfGE 33, 60).

2.2 Der Verteidigungsausschuß (Abs. II)

Der Verteidigungsauschuß ist ein Hilfsorgan des Bundestages und Erfüllt nur die Pflichten und Aufgaben, die ihm gemäß Art. 45 a Abs. II zugeteilt sind. Er ist kein eigenständiges Organ (BVerfGE 77, 41). Eine Berichtspflicht des Verteidigungsausschusses gegenüber dem Plenum besteht nicht, auf Antrag des Plenums jedoch hat der Verteidigungsausschuß die Pflicht, dem Plenum zu berichten. Seine Berichte sind gemäß der Bundestagsgeschäftsordnung vertraulich.

2.3 Ausschluß des Art. 44 Abs. I auf dem Gebiet der Verteidigung (Abs. III)

Da bereits der Verteidigungsausschuß besteht, der schon mit Rechten eines Untersuchungsausschusses ausgestattet ist, ist Art. 44 Abs. I ausgeschlossen worden.

Artikel 45 b

(Wehrbeauftragter)

Zum Schutz der Grundrechte und als Hilfsorgan des Bundestages bei der Ausübung der parlamentarischen Kontrolle wird ein Wehrbeauftrager des Bundestages berufen. Das Nähere regelt ein Bundesgesetz.

1. Bedeutung der Vorschrift

Art. 45 b regelt den Einsatz, sowie die Aufgaben des Wehrbeauftragten.

2. Wesentlicher Inhalt der Vorschrift

Der Wehrbeauftragte ist ein angegliedertes, eigenständiges Hilfsorgan der parlamentarischen Kontrolle, dessen Zuständigkeit sich allein auf die Streitkräfte beschränkt. Seine Aufgabe ist insbesondere der Schutz der Grundrechte der Soldaten, wobei aber andere Behelfe wie das Petitionsrecht nicht außer Kraft gesetzt werden. Ferner unterliegt ihm die Aufsicht über Einzelfälle, sowie der Bereich der inneren Truppenführung.

Artikel 45 c

(Petitionsausschuß)

(1) Der Bundestag bestellt einen Petitionsausschuß, dem die Behandlung der nach Artikel 17 an den Bundestag gerichteten Bitten und Beschwerden obliegt.

(2) Die Befugnisse des Ausschusses zur Überwachung von Beschwerden regelt ein Bundesgesetz.

1. Bedeutung der Vorschrift

Art. 45 c legt grundgesetzlich den dritten Ausschuß des Bundestag fest und gibt den Erlaß eines Bundesgesetzes vor, welches die Aufgaben und Rechte dieses Ausschusses genauer regelt.

2. Wesentliche Inhalte der Vorschrift

2.1 Allgemeines zu Petitionsausschuß (Abs. I)

Der Petitionsausschuß ist für die Bearbeitung von Petitionen innerhalb des Bundestages zuständig. Er wird nicht selbstständig, sondern nur aufgrund der Eingabe von Petitionen tätig. Petitionen verfallen nicht nach der Wahl, sondern müssen auch vom neugewählten Parlament bearbeitet werden. Über Petitionen entscheidet der Bundestag als Plenum.

2.1 Befugnisse des Ausschußes bei Beschwerden (Abs. II)

Art. 45 c Abs. II ist nur auf Beschwerden anwendbar. Beschwerden sind Eingaben, die Mängel aufzeigen. Näheres über die Befugnisse des Petitionsausschusses regelt das Gesetz über die Befugnisse des Petitionsausschusses des Deutschen Bundestages vom 19.7.1975 (BGBl. I S. 1921).

Artikel 46
(Verfolgungsschutz von Abgeordneten)

(1) Ein Abgeordneter darf zu keiner Zeit wegen seiner Abstimmung oder wegen einer Äußerung, die er im Bundestage oder in einem seiner Ausschüsse getan hat, gerichtlich oder dienstlich verfolgt oder sonst außerhalb des Bundestages zur Verantwortung gezogen werden. Dies gilt nicht für verleumderische Beleidigungen.

(2) Wegen einer mit Strafe bedrohten Handlung darf ein Abgeordneter nur mit Genehmigung des Bundestages zur Verantwortung gezogen oder verhaftet werden, es sei denn, daß er bei Begehung der Tat oder im Laufe des folgenden Tages festgenommen wird.

(3) Die Genehmigung des Bundestages ist ferner bei jeder anderen Beschränkung der persönlichen Freiheit eines Abgeordneten oder zur Einleitung eines Verfahrens gegen einen Abgeordneten gemäß Artikel 18 erforderlich.

(4) Jedes Strafverfahren und jedes Verfahren gemäß Artikel 18 gegen einen Abgeordneten, jede Haft und jede sonstige Beschränkung seiner persönlichen Freiheit sind auf Verlangen des Bundestages auszusetzen.

1. Bedeutung der Vorschrift

Der Schutz des Art. 46 dient der Sicherheit und Unantastbarkeit der Abgeordneten des Deutschen Bundestages. Die Zusammensetzung soll nicht durch Maßnahmen der anderen Teilgewalten beeinflußt werden können.

2. Wesentliche Inhalte der Vorschrift

2.1 Die Vorschrift enthält zwei Komponenten. Die Indemnität schließt aus, daß ein Abgeordneter für Äußerungen im Bundestag zur Verantwortung gezogen werden kann, soweit es sich nicht um verleumderische Beleidigungen handelt. Die Immunität sichert die Person des Abgeordneten vor Strafverfolgungen, solange der Bundestag sie nicht zuläßt oder die Maßnahmen nicht auf frischer Tat oder im Laufe des folgenden Tages vorgenommen werden.

2.2 Der Schutz bezieht sich nur auf Abgeordnete, d.h. der Status eines gewählten Bundestagsabgeordneten muß erreicht sein oder noch fortdauern. Mit Ausscheiden aus diesem Amt erlischt auch der Schutz, der sich auch nur auf die Amtszeit selbst bezieht, in der die Äußerungen oder Handlungen vorgenommen worden sein müssen. Die Eigenschaft als Abgeordneter beginnt allerdings bereits mit Annahme der Wahl und nicht erst mit der konstituierenden Sitzung des BT.

2.3 Durch Abs. III werden alle anderen Verfahren, die sich auf eine Freiheitsentziehung richten, z.B. Beugehaft, Zwangshaft, persönlicher Arrest u.ä., aber auch andere staatliche Maßnahmen, die den Abgeordneten an der Teilnahme der Parlamenttätigkeit hindern, von der „Genehmigung" (sicherlich müßte es Zustimmung heißen, Maunz/Dürig/Herzog/Scholz, RZ 60) anhängig gemacht. Dies gilt auch für das Verfahren vor dem BVerfG wegen Grundrechtsverwirkung nach Art. 18.

2.4 Der BT hat überdies die Möglichkeit, die Aussetzung einer bereits ohne Zustimmung veranlaßten Maßnahme durchzusetzen.

Artikel 47

(Zeugnisverweigerungsrecht)

Die Abgeordneten sind berechtigt, über Personen, die ihnen in ihrer Eigenschaft als Abgeordnete oder denen sie in dieser Eigenschaft Tatsachen anvertraut haben, sowie über diese Tatsachen selbst das Zeugnis zu verweigern. Soweit dieses Zeugnisverweigerungsrecht reicht, ist die Beschlagnahme von Schriftstücken unzulässig.

1. Bedeutung der Vorschrift

Die Vorschrift des Art. 47 soll das bestehende oder angestrebte Vertrauensverhältnis zwischen dem einzelnen Staatsbürger und dem Abgeordneten schützen.

2. Wesentliche Inhalte der Vorschrift

Das **Zeugnisverweigerungsrecht** aus Art. 47, S. 1 des Abgeordneten ist nicht absolut, sondern gegenständlich begrenzt. Als Voraussetzung dieses Rechtes müssen dem Abgeordneten Mitteilungen gemacht worden sein, bzw. muß er Mitteilungen an jemanden gemacht haben, und zwar in seiner Eigenschaft als Abgeordneter. Allerdings steht das Zeugnisverweigerungsrecht nur dem Abgeordeneten zu, nicht auch Personen, die ihm etwas anvertraut haben, bzw. Personen, denen der Abgeordnete selbst etwas anvertraut hat (Maunz/Dürig/Herzog/Scholz, RZ 2 zu Art. 47). Der Abgeordnete kann auf sein Zeugnisverweigerungsrecht verzichten und aussagen, unzulässig ist hingegen jedoch ein Globalverzicht oder vom Zeugnisverweigerungsrecht allgemein bzw. in bestimmten Fällen keinen Gebrauch zu machen. Das Recht zur Zeugnisverweigerung hat der Angordnete auch dann noch, wenn er aus dem Bundestag ausgeschieden ist.

Beim **Beschlagnahmeverbot** (Art. 47, S. 2) ist umstritten, ob das Verbot nur auf Schriftstücke im Besitz des Abgeordneten anzuwenden ist, oder ob das Verbot auch auf Schriftstücke anzuwenden ist, die im Besitz Dritter sind. Zulässig ist jedoch die Beschlagnahmung in einem genehmigten Strafverfahren gegen einen Abgeordneten selbst.

Artikel 48
(Rechtsansprüche der Abgeordneten)

(1) Wer sich um einen Sitz im Bundestag bewirbt, hat Anspruch auf den zur Vorbereitung seiner Wahl erforderlichen Urlaub.

(2) Niemand darf gehindert werden, das Amt eines Abgeordneten zu übernehmen und auszuüben. Eine Kündigung oder Entlassung aus diesem Grunde ist unzulässig.

(3) Die Abgeordneten haben Anspruch auf eine angemessene, ihre Unabhängigkeit sichernde Entschädigung. Sie haben das Recht der freien Benutzung aller staatlichen Verkehrsmittel. Das Nähere regelt ein Bundesgesetz.

1. Bedeutung der Vorschrift

Art. 48 gewährleistet, daß jeder sein verfassungsrechtlich garantiertes Recht der allgemeinen Wählbarkeit (Art. 38) auch nutzen kann.

2. Wesentliche Inhalte der Vorschrift

2.1 Urlaub zur Wahlvorbereitung (Abs. I)

Abs. I gewährleistet Urlaubsanspruch für Bewerber eines Bundestagssitzes. Der Anspruch steht allen Personen zu, die öffentliche oder privatrechtliche Dienstverpflichtungen haben, somit also als Urlaubsberechtigte in Betracht kommen. Der Bewerber hat keinen gesetzlich verordneten Urlaub, sondern er hat einen Anspruch auf diesen und kann ihn sich nicht nehmen, sondern muß seinen Dienstherren/Arbeitgeber darum ersuchen. Aus Abs. I ergeht kein Anspruch auf bezahlten Urlaub, da sonst der private Arbeitgeber u. U. die Kosten zur Wahlvorbereitung seines Arbeitnehmers tragen würde (Maunz/Dürig/Herzog/Scholz, RZ 4 zu Art. 48).

2.2.1 Verbot der Behinderung (Abs. II, S. 1)

Durch Art. 48 Abs. I, S. 1 wird jede(r) mittel- bzw. unmittelbare Behinderung oder Zwang an der Übernahme oder der Ausübung eines Bundestagsmandates untersagt. Auch jede Erschwerung der Übernahme bzw. Ausübung eines Bundestagsmandates wird verboten, die gesellschaftlicher, beruflicher oder wirtschaftlicher Natur entspringt. Abs. II steht jedoch einer strafrechtlichen Verfolgung nicht entgegen.

2.3.1 Anspruch auf Entschädigung (Abs. III, S. 1)

Art. 48 Abs. III, S. 1 regelt die vermögensrechtlichen Ansprüche der Bundestagsabgeordneten.

Durch die Abgeordnetenentschädigung soll gewährleistet werden, daß jeder Bundestagsabgeordnete seine Unabhängigkeit und Entscheidungsfreiheit behält, da sie dadurch dann nicht finanziell nicht in ihrer Existenz gefährdet sind.Ursprünglich waren die Diäten nicht als Entgelt für die geleisteten Dienste gedacht, doch im Laufe der Zeit sind sie den Charakter der Besoldungen immer mehr angenommen (BVerfGE 4, 144; 40, 269; Maunz/Dürig/Herzog/ Scholz, RZ 16 zu Art. 48).

2.3.2 Freie Benutzung der Verkehrsmittel (Abs. III, S. 2)

Aufgrund des Art. 48 Abs. III, S. 1 haben die Abgeordneten das Recht auf unentgeltliche Benutzung aller staatlichen Verkehrsmittel. Diese Regelung bezieht sich nur auf den Gebrauch der Deutschen Bundespost und der Deutschen Bundesbahn. Kommunale, private und Landesverkehrmittel werden nicht von Art. 48 Abs. III, S. 1 erfaßt (Maunz/Dürig/Herzog/ Scholz, RZ 32 zu Art. 48).

2.3.3 Bundesgesetz (Abs. III, S. 3)

Siehe Gesetz über die Rechtsverhältnisse der Mitglieder des Deutschen Bundestages (Abgeordnetengesetz) vom 18.2.1977.

Artikel 49

(aufgehoben)

IV. Der Bundesrat

Artikel 50

(Ländervertretung)

Durch den Bundesrat wirken die Länder bei der Gesetzgebung und Verwaltung des Bundes und in Angelegenheiten der Europäischen Union mit.

Bedeutung der Vorschrift

Art. 50 skizziert in grundsätzlicher Form die Beteiligung des Bundesrates bei der Ausübung der Kompetenzen des Bundes und greift, soweit es die EU betrifft, auf Art. 23 gedanklich zurück (BVerfGE 1, 311; 8, 120).

Artikel 51

(Zusammensetzung)

(1) Der Bundesrat besteht aus Mitgliedern der Regierungen der Länder, die sie bestellen und abberufen. Sie können durch andere Mitglieder ihrer Regierungen vertreten werden.

(2) Jedes Land hat mindestens drei Stimmen, Länder mit mehr als zwei Millionen Einwohnern haben vier, Länder mit mehr als sechs Millionen Einwohnern fünf, Länder mit mehr als sieben Millionen Einwohnern sechs Stimmen.

(3) Jedes Land kann so viele Mitglieder entsenden, wie es Stimmen hat. Die Stimmen eines Landes können nur einheitlich und nur durch anwesende Mitglieder oder deren Vertreter abgegeben werden.

1. Bedeutung der Vorschrift

Der Bundesrat ist ein Verfassungsorgan. Art. 51 regelt die Zusammensetzung der Mitglieder dieses Organs, bzw. die Stimmenverteilung sowie die Abgabe der Stimmen innerhalb dieses Organs.

2. Wesentliche Inhalte der Vorschrift

2.1 Zusammensetzung (Abs. I)

Der Bundesrat setzt sich nach der Wiedervereinigung Deutschlands aus 68 stimmberechtigten Mitgliedern zusammen, die aus allen 16 Bundesländern stammen (Katz, RZ 375). Die Mitglieder des Bundesrates sind Mitglieder der Landesregierungen und müssen sich nach den Weisungen der jeweiligen Landesregierung richten. Die Anzahl der jeweiligen Mitglieder eines Landes im Bundesrat richtet sich danach, wieviel Stimmen das Bundesland hat, da für jede Stimme ein Vertreter in den Bundesrat geschickt werden kann (Degenhart, RZ 418).

2.2 Stimmenverteilung im Bundesrat (Abs. II)

Baden-Württemberg: – 6 Stimmen

Bayern: – 6 Stimmen

Berlin: – 4 Stimmen

Brandenburg: – 4 Stimmen

Bremen: 3 Stimmen

Hamburg: – 3 Stimmen

Hessen: – 4 Stimmen

Mecklenburg-Vorpommern: – 3 Stimmen

Niedersachsen: – 6 Stimmen

Nordrhein-Westfalen: – 6 Stimmen

Rheinland-Pfalz: – 4 Stimmen

Saarland: – 3 Stimmen

Sachsen-Anhalt: – 4 Stimmen

Sachsen: – 4 Stimmen

Schleswig-Holstein: – 4 Stimmen

Thüringen: – 4 Stimmen

2.3 Abgabe der Stimmen (Abs. III)

Die Mitglieder bzw. die Vertreter eines Bundeslandes können nur einheitlich abstimmen, und die Stimmen eines Landes können nur durch diese selbst abgegeben werden. Stimmenthaltung einzelner Landesvertreter ist nicht möglich, uneinheitlich abgegebene Stimmen eines Landes sind ungültig.

Artikel 52
(Leitung, Beschlußfassung)

(1) Der Bundesrat wählt seinen Präsidenten auf ein Jahr.

(2) Der Präsident beruft den Bundesrat ein. Er hat ihn einzuberufen, wenn die Vertreter von mindestens zwei Ländern oder die Bundesregierung es verlangen.

(3) Der Bundesrat faßt seine Beschlüsse mit mindestens der Mehrheit seiner Stimmen. Er gibt sich eine Geschäftsordnung. Er verhandelt öffentlich. Die Öffentlichkeit kann ausgeschlossen werden.

(3 a) Für Angelegenheiten der Europäischen Union kann der Bundesrat eine Europakammer bilden, deren Beschlüsse als Beschlüsse des Bundesrates gelten; Artikel 51 Abs. 2 und 3 Satz 2 gilt entsprechend.

(4) Den Ausschüssen des Bundesrates können andere Mitglieder oder Beauftragte der Regierungen der Länder angehören.

1. Bedeutung der Vorschrift

Art. 52 regelt die Wahl des Bundesratspräsidenten, und legt den den Grundstein für die Regelung des Geschäftablaufes.

2. Wesentliche Inhalte der Vorschrift

2.1 Wahl der Bundesratspräsidenten (Abs. I)

Der Bundesratspräsident wird aus den Mitgliedern des Bundesrates auf ein Jahr gewählt. Die Ministerpräsidenten der Länder haben jedoch einen jährlich wechselnden, festen Turnus vereinbart.

2.2 Aufgaben des Bundesratspräsidenten (Abs. II)

Einberufung und Leitung des Bundesrates erfolgen durch dem Bundesratspräsidenten. Das Einberufungsrecht ist Ausschließlich, die Einberufung kann von dem in Abs. II genannten Quorum erzwungen werden.

2.3 Verfahren (Abs. III)

Die Verfahrensregelungen des Abs. III sind üblich. Die Öffentlichkeit des Plenums entspricht demokratischen Gepflogenheiten. Weiteres regelt eine Geschäftsordnung.

2.3.1 Europakammer (Abs. IIIa)

Die Europakammer des Abs. III a dient einer beschleunigten und spezialisierten Beschlußfassungsmöglichkeit. In ihr sind die Länder jeweils durch ein Mitglied vertreten.

2.4 Ausschüsse (Abs. IV)

Die Bildung von Ausschüssen ist erforderlich,um die Beschlußfassungen und die übrige Arbeit vorzubereiten. Die Möglichkeit, Mitglieder oder Beauftragte der Landesregierungen zu entsenden, eröffnet die Einbeziehung der jeweiligen Spezialisten in die Arbeit. Den Ausschüssen kommt allerdings keine bindende Wirkung zu. Die Beschlüsse werden im BR gefaßt.

Artikel 53

(Anwesenheit der Bundesregierung)

Die Mitglieder der Bundesregierung haben das Recht und auf Verlangen die Pflicht, an den Verhandlungen des Bundesrates und seiner Ausschüsse teilzunehmen. Sie müssen jederzeit gehört werden. Der Bundesrat ist von der Bundesregierung über die Führung der Geschäfte auf dem laufenden zu halten.

Bedeutung und wesentlicher Inhalt der Vorschrift

Art. 53 soll die gegenseitige Information von Bundestag und Bundesrat gewährleisten. Aus Art. 53 ergibt sich, nur für Mitglieder der Bundesregierung, das Recht und die Pflicht zur Teilnahme an den Bundesratsverhandlungen sowie ein dortiges allgemeines Anhörungsrecht.

IV a. Gemeinsamer Ausschuß

Artikel 53 a

(Gemeinsamer Ausschuß)

(1) Der Gemeinsame Ausschuß besteht zu zwei Dritteln aus Abgeordneten des Bundestages, zu einem Drittel aus Mitgliedern des Bundesrates. Die Abgeordneten werden vom Bundestag entsprechend dem Stärkeverhältnis der Fraktionen bestimmt; sie dürfen nicht der Bundesregierung angehören. Jedes Land wird durch ein von ihm bestelltes Mitglied des Bundesrates vertreten; diese Mitglieder sind nicht an Weisungen gebunden. Die Bildung des Gemeinsamen Ausschusses und sein Verfahren werden durch eine Geschäftsordnung geregelt, die vom Bundestage zu beschließen ist und der Zustimmung des Bundesrates bedarf.

(2) Die Bundesregierung hat den Gemeinsamen Ausschuß über ihre Planungen für den Verteidigungsfall zu unterrichten. Die Rechte des Bundestages und seiner Ausschüsse nach Artikel 43 Abs. 1 bleiben unberührt.

Bedeutung und wesentlicher Inhalt der Vorschrift

Art. 53 a regelt eine Art „Notparlament", das im Verteidigungsfall schnelle Entscheidungen treffen soll. Dieses Notparlament besteht auch in Friedenszeiten, wird aber durch die Bundesregierung nur über Verteidigungsplanungen informiert. Die Einzelheiten der Zusammensetzung und das Verfahren des Gemeinsamen Ausschusses regelt die Geschäftsordnung in der Bek. v. 23.7.1969 (BGBl. I S. 1102) zul. geänd. d. Bek. v. 25.3.1991 (BGBl. I S. 868).

V. Der Bundespräsident

Artikel 54
(Wahl, Bundesversammlung)

(1) Der Bundespräsident wird ohne Aussprache von der Bundesversammlung gewählt. Wählbar ist jeder Deutsche, der das Wahlrecht zum Bundestage besitzt und das vierzigste Lebensjahr vollendet hat.

(2) Das Amt des Bundespräsidenten dauert fünf Jahre. Anschließende Wiederwahl ist nur einmal zulässig.

(3) Die Bundesversammlung besteht aus den Mitgliedern des Bundestages und einer gleichen Anzahl von Mitgliedern, die von den Volksvertretungen der Länder nach den Grundsätzen der Verhältniswahl gewählt werden.

(4) Die Bundesversammlung tritt spätestens dreißig Tage vor Ablauf der Amtszeit des Bundespräsidenten, bei vorzeitiger Beendigung spätestens dreißig Tage nach diesem Zeitpunkt zusammen. Sie wird von dem Präsidenten des Bundestages einberufen.

(5) Nach Ablauf der Wahlperiode beginnt die Frist des Absatzes 4 Satz 1 mit dem ersten Zusammentritt des Bundestages.

(6) Gewählt ist, wer die Stimmen der Mehrheit der Mitglieder der Bundesversammlung erhält. Wird diese Mehrheit in zwei Wahlgängen von keinem Bewerber erreicht, so ist gewählt, wer in einem weiteren Wahlgang die meisten Stimmen auf sich vereinigt.

(7) Das Nähere regelt ein Bundesgesetz.

Bedeutung der Vorschrift

Der Bundespräsident ist das Staatsoberhaupt, also der Repräsentant der Bundesrepublik Deutschland. Art. 54 regelt die Vorraussetzungen für den Bewerber auf das Bundespräsidentenamt, sowie den Wahlablauf und die Amtszeit des Bundespräsidenten. Alles weitere wird durch das Gesetz über die Wahl des Bundespräsidenten durch die Bundesversammlung vom 25.4.1959 (BGBl. I S. 230, mit weiteren Änderungen) geregelt.

Artikel 55
(Unvereinbare Tätigkeiten)

(1) Der Bundespräsident darf weder der Regierung noch einer gesetzgebenden Körperschaft des Bundes oder eines Landes angehören.

(2) Der Bundespräsident darf kein anderes besoldetes Amt, kein Gewerbe und keinen Beruf ausüben und weder der Leitung noch dem Aufsichtsrat eines auf Erwerb gerichteten Unternehmens angehören.

Bedeutung der Vorschrift

Das Verbot eines Amtes in der Regierung bzw. einer gesetzgebenden Körperschaft des Bundes oder des Landes ist eine Sicherung für die unabhängige und unbeeinträchtigte Ausübung des Präsidentenamtes. Das Verbot eines Berufes, Gewerbes oder eines besoldeten Amtes bezieht sich nur auf eine Ausübung dieser.

Artikel 56

(Amtseid)

Der Bundespräsident leistet bei seinem Amtsantritt vor den versammelten Mitgliedern des Bundestages und des Bundesrates folgenden Eid:

„Ich schwöre, daß ich meine Kraft dem Wohle des deutschen Volkes widmen, seinen Nutzen mehren, Schaden von ihm wenden, das Grundgesetz und die Gesetze des Bundes wahren und verteidigen, meine Pflichten gewissenhaft erfüllen und Gerechtigkeit gegen jedermann üben werde. So wahr mir Gott helfe."

Der Eid kann auch ohne religiöse Beteuerung geleistet werden.

Bedeutung der Vorschrift

Der Amtseid ist die formelle Amtseinführung in das Amt des Bundespräsidenten. Durch den Eid wird die vollkommene Identifizierung des Gewählten mit der deutschen Verfassung, vor allem aber mit ihren Werten, sichergestellt (BVerfGE 33, 31; 79, 77).

Artikel 57

(Vertretung des Bundespräsidenten)

Die Befugnisse des Bundespräsidenten werden im Falle seiner Verhinderung oder bei vorzeitiger Erledigung des Amtes durch den Präsidenten des Bundesrates wahrgenommen.

Bedeutung der Vorschrift

Die Vorschrift des Art. 57 regelt die Stellvertretung des Bundespräsidenten durch den Bundesratspräsidenten und stellt damit die Amstausübung sicher. Die Vertretung ist eine reine Verhinderungs- oder Ausfallvertretung.

Artikel 58

(Gegenzeichnungsnotwendigkeit)

Anordnungen und Verfügungen des Bundespräsidenten bedürfen zu ihrer Gültigkeit der Gegenzeichnung durch den Bundeskanzler oder durch den zuständigen Bundesminister. Dies gilt nicht für die Ernennung und Entlassung des Bundeskanzlers, die Auflösung des Bundestages gemäß Artikel 63 und das Ersuchen gemäß Artikel 69 Absatz 3.

1. Bedeutung der Vorschrift

Die Vorschrift des Art. 58 soll gewährleisten, daß Bundespräsident und Bundesregierung politisch konform arbeiten, also der Bundespräsident nicht gegen die Bundesregierung arbeitet.

2. Wesentlicher Inhalt der Vorschrift

Nach Art. 58, S. 1 muß jede Anordnung oder Verfügung des Bundespräsident durch den Bundeskanzler oder durch den zuständigen Minister gegengezeichnet werden. Der Gegenzeichnungspflicht unterworfen sind alle amtlichen und politisch bedeutsamen Handlungen bzw. Erklärungen des Bundespräsidenten (Katz, RZ 388).

Art. 58, S. 2 führt auf, wann der Bundespräsident nicht der Gegenzeichnung des Bundeskanzlers bzw. der zuständigen Minister bedarf.

Artikel 59
(Völkerrechtliche Vertretung, Staatsverträge)

(1) Der Bundespräsident vertritt den Bund völkerrechtlich. Er schließt im Namen des Bundes die Verträge mit auswärtigen Staaten. Er beglaubigt und empfängt die Gesandten.

(2) Verträge, welche die politischen Beziehungen des Bundes regeln oder sich auf Gegenstände der Bundesgesetzgebung beziehen, bedürfen der Zustimmung oder der Mitwirkung der jeweils für die Bundesgesetzgebung zuständigen Körperschaften in der Form eines Bundesgesetzes. Für Verwaltungsabkommen gelten die Vorschriften über die Bundesverwaltung entsprechend.

1. Bedeutung der Vorschrift

Art. 59 regelt die völkerrechtliche Vertretung der Bundesrepublik Deutschland durch den Bundespräsident und die Kompetenzen des Bundespräsident bei Vertragsschlüssen mit auswertigen Staaten.

2. Wesentlicher Inhalt der Vorschrift

Als ihr Staatsoberhaupt hat der Bundespräsident das alleinige Recht, für die Bundesrepublik Deutschland völkerrechtliche Verträge zu schließen und die Bundesrepublik zu repräsentieren.

Ferner empfängt er die diplomatischen Vertreter.

Die Regelungen des Art. 59 Abs. II treffen ausschließlich auf Verträge des Bundes mit anderen Staaten zu, jedoch nicht für Verträge, die von Ländern mit auswertigen Staaten getroffen werden (BVerfGE 2, 371). Ebensowenig wie diese Verträge sind einseitige völkerrechtliche Erklärungen nicht der Zustimmungspflicht unterworfen.

Artikel 59 a
(aufgehoben)

Artikel 60
(Ernennungen, Begnadigungen)

(1) Der Bundespräsident ernennt und entläßt die Bundesrichter, die Bundesbeamten, die Offiziere und Unteroffiziere, soweit gesetzlich nichts anderes bestimmt ist.

(2) Er übt im Einzelfalle für den Bund das Begnadigungsrecht aus.

(3) Er kann diese Befugnisse auf andere Behörden übertragen.

(4) Die Absätze 2 bis 4 des Artikels 46 finden auf den Bundespräsidenten entsprechende Anwendung.

1. Bedeutung der Vorschrift

Art. 60 regelt, daß der Bundespräsident, im Rahmen der gesetzlichen Regelungen, die Bundesrichter, Bundesbeamten, Offiziere und Unteroffiziere bestimmt, und für die Bundesregierung in speziellen Fällen die Begnadigung aussprechen kann. Ferner garantiert er dem Bundespräsidenten speziellen Schutz.

2. Wesentlicher Inhalt der Vorschrift

Alle Ernennungen von öffentlichen Amtsträgern jedweden öffentlich-rechtlichen Dienst- oder Amtsverhältnisses nimmt der Bundespräsident vor. Dieses Recht hat er allerdings in weitem Umfange entsprechend Abs. III delegiert. Grundsätzlich obliegt dem Bundespräsident insoweit eine Prüfungspflicht, da im Regelfall die Ernennungen gesetzlich geregelt sind. Im Rahmen dessen besteht für den Bundespräsident ggfs. auch ein Ablehnungsrecht, falls die gesetzlichen Voraussetzungen nicht gegeben sein sollten.

Das Begnadigungsrecht steht dem Bundespräsidenten nur für den Bund zu. Er hat diesbezüglich das Recht, rechtskräftig erkannte Strafen auszusetzen, zu erlassen oder umzuwandeln. Von Bedeutung ist dieses Recht auch im Rahmen der Disziplinargerichtsbarkeit. Amnestien stehen ihm im Gegensatz zu den in Art. 60 genannten Einzelbegnadigungen nicht zu. Auch das Begnadigungsrecht ist weitgehend delegiert.

Artikel 61

(Präsidentenanklage)

(1) Der Bundestag oder der Bundesrat können den Bundespräsidenten wegen vorsätzlicher Verletzung des Grundgesetzes oder eines anderen Bundesgesetzes vor dem Bundesverfassungsgericht anklagen. Der Antrag auf Erhebung der Anklage muß von mindestens einem Viertel der Mitglieder des Bundestages oder einem Viertel der Stimmen des Bundesrates gestellt werden. Der Beschluß auf Erhebung der Anklage bedarf der Mehrheit von zwei Dritteln der Mitglieder des Bundestages oder von zwei Dritteln der Stimmen des Bundesrates. Die Anklage wird von einem Beauftragten der anklagenden Körperschaft vertreten.

(2) Stellt das Bundesverfassungsgericht fest, daß der Bundespräsident einer vorsätzlichen Verletzung des Grundgesetzes oder eines anderen Bundesgesetzes schuldig ist, so kann es ihn des Amtes für verlustig erklären. Durch einstweilige Anordnung kann es nach der Erhebung der Anklage bestimmen, daß er an der Ausübung seines Amtes verhindert ist.

Bedeutung und wesentlicher Inhalt der Vorschrift

Der Bundespräsident kann wegen Pflichtverletzung bzw. nur wegen vorsätzlicher Rechtsverletzung vor dem Bundesverfassungsgericht angeklagt werden. Das Urteil des Bundesverfassungsgerichts legt fest, ob eine Rechtsverletzung vorliegt, oder nicht. Das Bundesverfassungsgericht kann den Bundespräsidenten von seinem Posten entheben. Falls es dies nicht tut, kann der Bundespräsident selbst Konsequenzen ziehen. Näheres regelt das BVerfGG.

VI. Die Bundesregierung

Artikel 62

(Bundesregierung)

Die Bundesregierung besteht aus dem Bundeskanzler und aus den Bundesministern.

Wesentlicher Inhalt der Vorschrift

Art. 62 regelt die Zusammensetzung der deutschen Bundesregierung.

Der Bundeskanzler ist nicht nur der Vorsitzende der Minister, sondern echter Regierungschef.

Wahl und Abwahl des Bundeskanzlers erfolgen durch den Bundestag (Art. 63, 67). Der Bundeskanzler ist leitender Staatsmann und ist dem Bundestag in Hinsicht auf die Regierung der Bundesrepublik Deutschland verantwortlich.

Ein weiterer Teil der Bundesregierung sind die Bundesminister, die auf Vorschlag des Bundeskanzlers ernannt, bzw. entlassen werden.

Die Bundesregierung (das Kabinett) ist ein Verfassungsorgan sowie ein politisches Führungsgremium.

Artikel 63

(Kanzlerwahl)

(1) Der Bundeskanzler wird auf Vorschlag des Bundespräsidenten vom Bundestage ohne Aussprache gewählt.

(2) Gewählt ist, wer die Stimmen der Mehrheit der Mitglieder des Bundestages auf sich vereinigt. Der Gewählte ist vom Bundespräsidenten zu ernennen.

(3) Wird der Vorgeschlagene nicht gewählt, so kann der Bundestag binnen vierzehn Tagen nach dem Wahlgange mit mehr als der Hälfte seiner Mitglieder einen Bundeskanzler wählen.

(4) Kommt eine Wahl innerhalb dieser Frist nicht zustande, so findet unverzüglich ein neuer Wahlgang statt, in dem gewählt ist, wer die meisten Stimmen erhält. Vereinigt der Gewählte die Stimmen der Mehrheit der Mitglieder des Bundestages auf sich, so muß der Bundespräsident ihn binnen sieben Tagen nach der Wahl ernennen. Erreicht der Gewählte diese Mehrheit nicht, so hat der Bundespräsident binnen sieben Tagen entweder ihn zu ernennen oder den Bundestag aufzulösen.

Wesentlicher Inhalt der Vorschrift

Art. 63 regelt die Wahl des Bundeskanzlers. Gemäß Abs. I wird der Bundeskanzlerkandidat von dem Bundespräsidenten vorgeschlagen. Dem Bundespräsidenten steht die Wahl der Kanzlerkandidaten frei, sein Vorschlag bedarf keiner Gegenzeichnung. Die Wahl erfolgt durch den Bundestag mit der Mehrheit seiner gesetzlichen Mitglieder. Wird der Vorgeschlagene gewählt, muß ihn der Bundespräsident ernennen (Abs. II). Ist der Vorgeschlagene nicht gewählt worden, so geht das Vorschlagsrecht auf den Bundestag über, die erneute Wahl muß binnen vierzehn Tagen stattfinden; innerhalb der 14-Tages-Frist die Zahl der Wahlgänge nicht beschränkt; der Bundestag kann mithin unterschiedliche Kandidaten jeweils zur Wahl stellen, jeder bedarf aber ebenfalls der absoluten Mehrheit der abgegebenen Stimmen.

Unverzüglich nach dem Ablauf dieser Frist ist schließlich noch ein letzter Wahlgang möglich, für den der Kandidat dann allerdings zumindest die relative Mehrheit der Stimmen auf sich vereinigen muß. Wird ein Kandidat nur mit der relativen Mehrheit gewählt, so hat der Bundespräsident ein Wahlrecht zwischen der Ernennung und der Auflösung des Bundestages. Löst er nicht innerhalb von sieben Tagen den Bundestag auf und veranlaßt damit Neuwahlen, muß er den Gewählten ernennen.

Artikel 64

(Ernennung der Minister)

(1) Die Bundesminister werden auf Vorschlag des Bundeskanzlers vom Bundespräsidenten ernannt und entlassen.

(2) Der Bundeskanzler und die Bundesminister leisten bei der Amtsübernahme vor dem Bundestage den in Artikel 56 vorgesehenen Eid.

Wesentlicher Inhalt der Vorschrift

Art. 64 regelt die Ernennung und Entlassung von Bundesministern, sowie die Vereidigung des Bundeskanzlers und der Bundesminister. Nach Art. 64 Abs. I werden die Bundesminister auf Vorschlag des Bundeskanzlers ernannt, bzw. entlassen. Weder Bundestag noch Bundesrat haben diese zu bestätigen. Die Wahl der Bundesminister ist also Sache des Bundeskanzlers, wobei er sich auch nach dem Willen der Partei zu richten hat. Der Bundeskanzler kann einen Bundesminister jederzeit fristlos und unbegründet durch Vorschlag entlassen. Der Bundespräsident muß dem Entlassungsvorschlag des Bundeskanzlers zustimmen, ist aber durch den Vorschlag des Bundeskanzlers gebunden. Der Bundesminister selbst hat jederzeit das Recht, sein Amt niederzulegen. Die Bundesminister und der Bundeskanzler sind verfassungsrechtlich zur Ablegung des Eides verpflichtet.

Artikel 65

(Ressortverantwortung)

Der Bundeskanzler bestimmt die Richtlinien der Politik und trägt dafür die Verantwortung. Innerhalb dieser Richtlinien leitet jeder Bundesminister seinen Geschäftsbereich selbständig und unter eigener Verantwortung. Über Meinungsverschiedenheiten zwischen den Bundesministern entscheidet die Bundesregierung. Der Bundeskanzler leitet ihre Geschäfte nach einer von der Bundesregierung beschlossenen und vom Bundespräsidenten genehmigten Geschäftsordnung.

Wesentlicher Inhalt der Vorschrift

Art. 65 regelt das Recht des Bundeskanzlers, die Richtlinien der Politik festzulegen. Er ist dafür dem Bundestag verantwortlich. Innerhalb dieser Richtlinien leitet der jeweilige Bundesminister eigenverantwortlich sein Ressort. Der Bundeskanzler gibt mithin der Bundesregierung Leitlinien, Grundsätze und Grundsatzentscheidungen vor, nach deren Maßgabe die Politik selbständig von den Ministern zu betreiben ist. Im Einzelfall schließt dies allerdings nicht aus, daß der Bundeskanzler eine Angelegenheit als Chefsache an sich zieht.

Um das Verfahren innerhalb der Regierung zu vereinfachen und für Meinungsversschiedenheiten Vorsorge zu treffen, gibt sich die Bundesregierung eine GeschO. Soweit Meinungsverschiedenheiten bestehen bleiben, sieht das in Satz 3 zum Ausdruck kommende Kollegialprinzip eine Entscheidung der Bundesregierung in ihrer Gesamtheit vor.

Artikel 65 a
(Oberste Befehls- und Kommandogewalt)

Der Bundesminister für Verteidigung hat die Befehls- und Kommandogewalt über die Streitkräfte.

1. Bedeutung der Vorschrift

Art. 65 a weist den Bundesminister für Verteidigung als Inhaber der obersten Befehls- und Kommandogewalt aus.

2. Wesentlicher Inhalt der Vorschrift

Das Grundgesetz trennt den Oberbefehl vom Staatsoberhaupt, und weist diese Aufgabe dem Bundesminister für Verteidigung zu. Es behandelt die Bundeswehr wie alle anderen Teile der vollziehenden Gewalt, unterstellt sie den allgemeinen Regeln sowie unter die Aufsicht und Kontrolle des Parlaments. Nur im Verteidigungsfall geht die oberste Befehls- und Kommandogewalt auf den Bundeskanzler über.

Artikel 66
(Verbot von Beruf und Gewerbe)

Der Bundeskanzler und die Bundesminister dürfen kein anderes besoldetes Amt, kein Gewerbe und keinen Beruf ausüben und weder der Leitung noch ohne Zustimmung des Bundestages dem Aufsichtsrate eines auf Erwerb gerichteten Unternehmens angehören.

Bedeutung und wesentlicher Inhalt der Vorschrift

Art. 66 des Grundgesetzes soll gewährleisten, daß der Bundeskanzler und die Bundesminister nicht durch fremde Pflichten oder Interessen in der Ausübung ihrer Ämter beeinträchtigt werden. Trotz alldem darf, nach der Rechtsprechung des Bundesverfassungsgerichtes, ein Bundesminister gleichzeitig Mitglied im Bundestag oder im Landtag oder in einer Gemeindevertretung sein (BVerfGE 40, 296).

Artikel 67
(Mißtrauensantrag)

(1) Der Bundestag kann dem Bundeskanzler das Mißtrauen nur dadurch aussprechen, daß er mit der Mehrheit seiner Mitglieder einen Nachfolger wählt und den Bundespräsidenten ersucht, den Bundeskanzler zu entlassen. Der Bundespräsident muß dem Ersuchen entsprechen und den Gewählten ernennen.

(2) Zwischen dem Antrage und der Wahl müssen achtundvierzig Stunden liegen.

1. Bedeutung der Vorschrift

Der Art. 67 sieht eine Pflichtenthebung des Bundeskanzlers vor, wenn die Mehrheit der Abgeordneten den bisherigen Bundeskanzler oder sein Regierungsprogramm nicht unterstützen bzw. dulden will (BVerfGE 62, 38). Das Mißtrauensvotum ist nur gegen den Bundeskanzler durchführbar, nicht gegen einzelne Minister.

2. Wesentlicher Inhalt der Vorschrift

Einzige Form des Mißtrauensvotums, mit dem Erfolg des Sturzes der Regierung, ist die Wahl eines neuen Bundeskanzlers; deshalb auch konstruktives Mißtrauensvotum genannt, da die Abwahl des alten Bundeskanzlers nur dann erfolgt, wenn gleichzeitig ein neuer Bundeskanzler mit einer neuen, durch die Wahl anerkannten Regierung in das Amt berufen wird. Die Wahl des Nachfolgers erfolgt durch Mehrheit der Stimmen des Bundestages. Ferner muß der Bundespräsident ersucht werden, den alten Bundeskanzler zu entlassen. Der Bundespräsident ist dem Ersuchen verpflichtet und darf es nur verweigern, wenn die Neuwahl aufgrund schwerer Rechtsverstöße ungültig ist. Die Zwischenfrist von achtundvierzig Stunden aus Art. 67 Abs. II soll vorschnelles Handeln und Beschlüsse durch zufällige Mehrheiten verhindern.

Artikel 68

(Vertrauensfrage)

(1) Findet ein Antrag des Bundeskanzlers, ihm das Vertrauen auszusprechen, nicht die Zustimmung der Mehrheit der Mitglieder des Bundestages, so kann der Bundespräsident auf Vorschlag des Bundeskanzlers binnen einundzwanzig Tagen den Bundestag auflösen. Das Recht zur Auflösung erlischt, sobald der Bundestag mit der Mehrheit seiner Mitglieder einen anderen Bundeskanzler wählt.

(2) Zwischen dem Antrage und der Abstimmung müssen achtundvierzig Stunden liegen.

1. Bedeutung der Vorschrift

Art. 68 soll dann helfen, wenn die Bundesregierung nicht mehr die parlamentarische Unterstützung genießt. Die Vorschrift ist in engem Zusammenhang mit Art. 81 zu sehen, der eine dritte Alternative möglich erscheinen läßt.

2. Wesentlicher Inhalt der Vorschrift

Art. 68, Abs. I ermöglicht dem Bundeskanzler, sich das Vertrauen des Bundestags aussprechen zu lassen. Es steht in seinem Ermessen, diese Frage dem Parlament zu stellen, er kann nicht dazu gezwungen werden. Der Vertrauensbeschluß regelt, ob der Bundeskanzler weiterregieren soll. Im Falle einer Vertrauensverweigerung, sprechen ihm also nicht zwei Drittel der Bundestagsmitglieder das Vertrauen aus, kann der Bundespräsident auf Vorschlag des Bundeskanzlers den Bundestag aufzulösen. Die Auflösung hat innerhalb der nächsten 21 Tage, vom Tage des Abstimmungsergebnisses gerechnet, zu erfolgen. Dem Bundeskanzler steht es allerdings auch frei, zurückzutreten bzw. in der Minderheit weiter zu regieren.

Satz 2 ermöglicht die Bewältigung der Krise durch die Wahl eines neuen Bundeskanzlers mit der Mehrheit der Mitglieder. Dies ist insbesondere dann von Bedeutung, wenn der Bundestag seine Auflösung verhindern will.

(Vertretung und Ende der Amtszeit des Bundeskanzlers)

(1) Der Bundeskanzler ernennt einen Bundesminister zu seinem Stellvertreter.

(2) Das Amt des Bundeskanzlers oder eines Bundesministers endigt in jedem Falle mit dem Zusammentritt eines neuen Bundestages, das Amt eines Bundesministers auch mit jeder anderen Erledigung des Amtes des Bundeskanzlers.

(3) Auf Ersuchen des Bundespräsidenten ist der Bundeskanzler, auf Ersuchen des Bundeskanzlers oder des Bundespräsidenten ein Bundesminister verpflichtet, die Geschäfte bis zur Ernennung seines Nachfolgers weiterzuführen.

1. Bedeutung der Vorschrift

Die Vorschrift des Art. 69 regelt die Bestimmung des Vizekanzlers und das Ende der Amtszeit des Bundeskanzlers.

2. Wesentlicher Inhalt der Vorschrift

Der Bundeskanzler bestimmt allein seinen Vertreter und bedarf dabei keiner Zustimmung des Bundespräsidenten. Er ist in seiner Wahl völlig frei, einzige Voraussetzung ist, daß sein Vertreter ein Bundesminister ist. Der Kanzler kann seinem Vertreter Weisungen erteilen, wenn dieser ihn vertritt. Eine Vertretung im Todesfalle des Bundeskanzlers findet nicht statt.

Beendet wird das Bundeskanzleramt, außer aus natürlichen Gründen (Tod, Krankheit, etc.), durch den Rücktritt, durch die Voraussetzungen des Art. 67 Abs. I, S. 1 oder des Art. 68 I, S. 2, sowie mit dem Zusammentritt eines neuen Bundestages.

Grundsätzliche Überlegung des Abs. III ist, daß der Staat ständig eine Regierung haben muß, damit er handlungsfähig bleibt. Ist man durch den Bundespräsidenten bzw. durch den Bundeskanzler zu der Weiterführung des Amtes ersucht worden, so besteht die Pflicht, diesem Ersuchen nachzukommen.

VII. Die Gesetzgebung des Bundes

Artikel 70

(Gesetzgebungszuständigkeiten)

(1) Die Länder haben das Recht der Gesetzgebung, soweit dieses Grundgesetz nicht dem Bunde Gesetzgebungsbefugnisse verleiht.

(2) Die Abgrenzung der Zuständigkeit zwischen Bund und Ländern bemißt sich nach den Vorschriften dieses Grundgesetzes über die ausschließliche und die konkurrierende Gesetzgebung.

1. Bedeutung der Vorschrift

Art. 70 enthält die bundesstaatliche Grundregelung über die Verteilung der Gesetzgebungskompetenzen. Diese Vorschrift steht in Korrespondenz mit Art. 30, stellt ihm gegenüber jedoch eine Spezialvorschrift dar.

2. Wesentliche Inhalte der Vorschrift

Nach Art. 70 besteht bei der Gesetzgebung ein Vorrang der Länder, der allerdings durch die weitreichenden Bundeszuständigkeiten, die das GG begründet, deutlich vermindert worden ist. Soweit Abgrenzungen erforderlich sein sollten, legt Abs. II den Maßstab dafür fest, indem er auf die Kriterien für die ausschließliche und die konkurrierende Gesetzgebung verweist. Damit wird eine etwa bestehende Doppelzuständigkeit ausgeschlossen (BVerfGE 67, 321). Ansatzpunkt für die Prüfung ist regelmäßig der Gegenstand des Gesetzes (BVerfGE 68, 327).

Nicht näher im Grundgesetz erläutert oder gesondert geregelt werden weitere Gesetzgebungskompetenzen des Bundes:

Grundsatzgesetzgebung: hier steht dem Bund das Gesetzgebungsrecht dahin zu, grundsätzliche Vorgaben für die Gesetzgebung der Länder vorzunehmen (Art. 91 a Abs. II – allgemeine Grundsätze für die Erfüllung der Gemeinschaftsaufgaben, die dann durch die Länder präzisiert werden; Art. 109 Abs. III – Grundsätze für die Haushaltswirtschaft und -ordnungen der Länder (HGrG), die von den Ländern umzusetzen sind; Art. 140 GG iVm Art. 138 WRV – Grundsätze für Staatsleistungen an die Religionsgemeinschaften, die die Landesgesetzgeber näher auszuführen haben).

Gesetzgebungskompetenz kraft Sachzusammenhangs: eine solche liegt vor, wenn eine Materie im GG genannt ist, eine andere, nicht genannte Materie aber zugleich eine Regelung erfordert, die nur in unmittelbarem Zusammenhang mit der genannten Materie erfolgen kann (BVerfGE 26, 300), z.B. gerichtliche Verfahrensordnungen und Gerichtsgebühren.

Annexkompetenz: sie ist vorhanden, wenn ein Sachgebiet mit einer anderen Zuständigkeit des Bundes in einem unlösbaren und engen funktionellen Zusammenhang steht, wie dies z.B. bei der Verteidigung (Art. 73 Nr. 1) und den Hochschulen der Bundeswehr der Fall ist.

Kraft Natur der Sache: hiervon sind Angelegenheiten betroffen, die aus dem allgemeinen Zuständigkeitsverständnis heraus nur vom Bund selbst geregelt werden können, wie z. B. der Regierungssitz, die Verleihung von Bundesorden oder Regelung der Bundessymbole.

Artikel 71

(Ausschließliche Gesetzgebung)

Im Bereiche der ausschließlichen Gesetzgebung des Bundes haben die Länder die Befugnis zur Gesetzgebung nur, wenn und soweit sie hierzu in einem Bundesgesetze ausdrücklich ermächtigt werden.

Wesentlicher Inhalt der Vorschrift

Die Übertragung der ausschließlichen Gesetzgebungskompetenz schließt die Gesetzgebung der Länder für den jeweiligen Bereich ausdrücklich aus. Ausnahmen bestehen nur dann, wenn im Rahmen der ausschließlichen Gesetzgebung der Bund in einem entsprechenden Gesetz den Ländern Gesetzgebungszuständigkeiten zuweist.

Die Ausfüllung der Kompetenz ist an die besonderen Zuweisungskataloge gebunden. So enthält Art. 73 einen solchen. Allerdings sind derartige Zuweisungen auch in anderer Form im GG enthalten, z.b. dort, wo in den Vorschriften auf nähere Regelungen durch ein Bundesgesetz verwiesen wird (s. z.B.: Art. 4 Abs. III, 21 Abs. III, 38 Abs. III, 41 Abs. III, 84 Abs. V, 91 a Abs. II, 105 Abs. I, 109 Abs. IV).

Artikel 72

(Konkurrierende Gesetzgebung)

(1) Im Bereich der konkurrierenden Gesetzgebung haben die Länder die Befugnis zur Gesetzgebung, solange und soweit der Bund von seiner Gesetzgebungszuständigkeit nicht durch Gesetz Gebrauch gemacht hat.

(2) Der Bund hat in diesem Bereich das Gesetzgebungsrecht, wenn und soweit die Herstellung gleichwertiger Lebensverhältnisse im Bundesgebiet oder die Wahrung der Rechts- oder Wirtschaftseinheit im gesamtstaatlichen Interesse eine bundesgesetzliche Regelung erforderlich macht.

(3) Durch Bundesgesetz kann bestimmt werden, daß eine bundesgesetzliche Regelung, für die eine Erforderlichkeit im Sinne des Absatzes 2 nicht mehr besteht, durch Landesrecht ersetzt werden kann.

Wesentlicher Inhalt der Vorschrift

Im Bereich der konkurrierenden Gesetzgebung bestehen zunächst die Kompetenzen von Bund und Ländern nebeneinander, so daß die Länder ebenfalls entsprechende Gesetze erlassen können. Allerdings verdrängen Bundesgesetze die Landesgesetze, wenn der Bundesgesetzgeber von seiner Kompetenz Gebrauch macht. Voraussetzung dafür ist jedoch, daß der Bund sich im Rahmen seiner Zuständigkeiten bewegt. Hat er allerdings im Rahmen seiner Zuständigkeit von der Gesetzgebungskompetenz Gebrauch gemacht, so tritt für die Länder diesbezüglich eine Sperrwirkung ein (BVerfGE 85, 142).

Erste Voraussetzung für die Bundeszuständigkeit ist, daß das zu regelnde Sachgebiet unter die Kataloge der Art. 74, 74 a, 105 Abs. II fällt. Bei der Ermittlung des Sachgebietes muß objektiv auf die Eigenart und die wesensmäßige Zugehörigkeit abgestellt werden, wobei das Sachgebiet nicht statisch sondern dynamisch auch im Hinblick auf die Entwicklung betrachtet werden muß (BVerfGE 68, 327). Das BVerfG nimmt bei der dahingehenden Auslegung eine eher weite Interpretation vor (so gilt z.B. der Bereich des Privatrechts als vom Bund abschließend geregelt – BVerfGE 7, 354).

Als zweite Voraussetzung legt Art. 72 Abs. II die Erforderlichkeit einer bundeseinheitlichen Regelung zugrunde. Hierbei besteht allerdings ein politischer Ermessensspielraum, der am gesamtstaatlichen Interesse zu orientieren ist, soweit die Frage der Rechts- oder Wirtschaftseinheit zu begründen ist; für die Gleichheit der Lebensverhältnisse ergibt sich dieses letztlich als ein der Verfassung immanenter Auftrag.

Abs. III trägt der Entwicklung Rechnung, wenn bundeseinheitliche Bedürfnisse für ein Bundesgesetz entfallen sollten. Vgl. in diesem Zusammenhang auch Art. 125 a.

Artikel 73
(Katalog ausschließlicher Gesetzgebung)

Der Bund hat die ausschließliche Gesetzgebung über:

1. die auswärtigen Angelegenheiten sowie die Verteidigung einschließlich des Schutzes der Zivilbevölkerung;

2. die Staatsangehörigkeit im Bunde;

3. die Freizügigkeit, das Paßwesen, die Ein- und Auswanderung und die Auslieferung;

4. das Währungs-, Geld- und Münzwesen, Maße und Gewichte sowie die Zeitbestimmung;

5. die Einheit des Zoll- und Handelsgebietes, die Handels- und Schiffahrtsverträge, die Freizügigkeit des Warenverkehrs und den Waren- und Zahlungsverkehr mit dem Auslande einschließlich des Zoll- und Grenzschutzes;

6. den Luftverkehr;

6 a. den Verkehr von Eisenbahnen, die ganz oder mehrheitlich im Eigentum des Bundes stehen (Eisenbahnen des Bundes), den Bau, die Unterhaltung und das Betreiben von Schienenwegen der Eisenbahnen des Bundes sowie die Erhebung von Entgelten für die Benutzung dieser Schienenwege;

7. das Postwesen und die Telekommunikation;

8. die Rechtsverhältnisse der im Dienste des Bundes und der bundesunmittelbaren Körperschaften des öffentlichen Rechtes stehenden Personen;

9. den gewerblichen Rechtsschutz, das Urheberrecht und das Verlagsrecht;

10. die Zusammenarbeit des Bundes und der Länder
    a) in der Kriminalpolizei,
    b) zum Schutze der freiheitlichen demokratischen Grundordnung, des Bestandes und der Sicherheit des Bundes oder eines Landes (Verfassungsschutz) und
    c) zum Schutze gegen Bestrebungen im Bundesgebiet, die durch Anwendung von Gewalt oder darauf gerichtete Vorbereitungshandlungen auswärtige Belange der Bundesrepublik Deutschland gefährden, sowie die Einrichtung eines Bundeskriminalpolizeiamtes und die internationale Verbrechensbekämpfung;

11. die Statistik für Bundeszwecke.

Inhalt der Vorschrift

Die Vorschrift enthält den Katalog der Sachgebiete, für die die Gesetzgebungskompetenz des Bundes i.S. des Art. 71 besteht.

Artikel 74
(Katalog konkurrierender Gesetzgebung)

(1) Die konkurrierende Gesetzgebung erstreckt sich auf folgende Gebiete:

1. das bürgerliche Recht, das Strafrecht und den Strafvollzug, die Gerichtsverfassung, das gerichtliche Verfahren, die Rechtsanwaltschaft, das Notariat und die Rechtsberatung;

2. das Personenstandswesen;

3. das Vereins- und Versammlungsrecht;

4. das Aufenthalts- und Niederlassungsrecht der Ausländer;

4 a. das Waffen- und das Sprengstoffrecht;

5. (aufgehoben)

6. die Angelegenheiten der Flüchtlinge und Vertriebenen;

7. die öffentliche Fürsorge;

8. (aufgehoben)

9. die Kriegsschäden und die Wiedergutmachung;

10. die Versorgung der Kriegsbeschädigten und Kriegshinterbliebenen und die Fürsorge für die ehemaligen Kriegsgefangenen;

10a. die Kriegsgräber und Gräber anderer Opfer des Krieges und Opfer von Gewaltherrschaft;

11. das Recht der Wirtschaft (Bergbau, Industrie, Energiewirtschaft, Handwerk, Gewerbe, Handel, Bank- und Börsenwesen, privatrechtliches Versicherungswesen);

11a. die Erzeugung und Nutzung der Kernenergie zu friedlichen Zwecken, die Errichtung und den Betrieb von Anlagen, die diesen Zwecken dienen, den Schutz gegen Gefahren, die bei Freiwerden von Kernenergie oder durch ionisierende Strahlen entstehen, und die Beseitigung radioaktiver Stoffe;

12. das Arbeitsrecht einschließlich der Betriebsverfassung, des Arbeitsschutzes und der Arbeitsvermittlung sowie die Sozialversicherung einschließlich der Arbeitslosenversicherung;

13. die Regelung der Ausbildungsbeihilfen und die Förderung der wissenschaftlichen Forschung;

14. das Recht der Enteignung, soweit sie auf den Sachgebieten der Artikel 73 und 74 in Betracht kommt;

15. die Überführung von Grund und Boden, von Naturschätzen und Produktionsmitteln in Gemeineigentum oder in andere Formen der Gemeinwirtschaft;

16. die Verhütung des Mißbrauchs wirtschaftlicher Machtstellung;

17. die Förderung der land- und forstwirtschaftlichen Erzeugung, die Sicherung der Ernährung, die Ein- und Ausfuhr land- und forstwirtschaftlicher Erzeugnisse, die Hochsee- und Küstenfischerei und den Küstenschutz;

18. den Grundstücksverkehr, das Bodenrecht (ohne das Recht der Erschließungsbeiträge) und das landwirtschaftliche Pachtwesen, das Wohnungswesen, das Siedlungs- und Heimstättenwesen;

19. die Maßnahmen gegen gemeingefährliche und übertragbare Krankheiten bei Menschen und Tieren, die Zulassung zu ärztlichen und anderen Heilberufen und zum Heilgewerbe, den Verkehr mit Arzneien, Heil- und Betäubungsmitteln und Giften;

19 a. die wirtschaftliche Sicherung der Krankenhäuser und die Regelung der Krankenhauspflegesätze;

20. den Schutz beim Verkehr mit Lebens- und Genußmitteln, Bedarfsgegenständen, Futtermitteln und land- und forstwirtschaftlichem Saat- und Pflanzgut, den Schutz der Pflanzen gegen Krankheiten und Schädlinge sowie den Tierschutz;

21. die Hochsee- und Küstenschiffahrt sowie die Seezeichen, die Binnenschiffahrt, den Wetterdienst, die Seewasserstraßen und die dem allgemeinen Verkehr dienenden Binnenwasserstraßen;

22. den Straßenverkehr, das Kraftfahrwesen, den Bau und die Unterhaltung von Landstraßen für den Fernverkehr sowie die Erhebung und Verteilung von Gebühren für die Benutzung öffentlicher Straßen mit Fahrzeugen;

23. die Schienenbahnen, die nicht Eisenbahnen des Bundes sind, mit Ausnahme der Bergbahnen;

24. die Abfallbeseitigung, die Luftreinhaltung und die Lärmbekämpfung;

25. die Staatshaftung;

26. die künstliche Befruchtung beim Menschen, die Untersuchung und die künstliche Veränderung von Erbinformationen sowie Regelungen zur Transplantation von Organen und Geweben.

(2) Gesetze nach Absatz 1 Nr. 25 bedürfen der Zustimmung des Bundesrates.

Inhalt der Vorschrift

Die Vorschrift enthält den Katalog der Sachgebiete, für die die Gesetzgebungskompetenz des Bundes und der Länder i.S. des Art. 72 besteht.

Artikel 74 a
(Konkurrierende Gesetzgebung für den öffentlichen Dienst)

(1) Die konkurrierende Gesetzgebung erstreckt sich ferner auf die Besoldung und Versorgung der Angehörigen des öffentlichen Dienstes, die in einem öffentlich-rechtlichen Dienst- und Treueverhältnis stehen, soweit dem Bund nicht nach Artikel 73 Nr. 8 die ausschließliche Gesetzgebung zusteht.

(2) Bundesgesetze nach Absatz 1 bedürfen der Zustimmung des Bundesrates.

(3) Der Zustimmung des Bundesrates bedürfen auch Bundesgesetze nach Artikel 73 Nr. 8, soweit sie andere Maßstäbe für den Aufbau oder die Bemessung der Besoldung und Versorgung einschließlich der Bewertung der Ämter oder andere Mindest- oder Höchstbeträge vorsehen als Bundesgesetze nach Absatz 1.

(4) Die Absätze 1 und 2 gelten entsprechend für die Besoldung und Versorgung der Landesrichter. Für Gesetze nach Artikel 98 Abs. 1 gilt Absatz 3 entsprechend.

Inhalt der Vorschrift

Diese 1971 eingefügte Vorschrift legt die konkurrierende Zuständigkeit des Bundes und der Länder für die Besoldung und Versorgung der Beschäftigten des öffentlichen Dienstes fest, die sich in einem öffentlich-rechtlichen Dienst- und Treueverhältnis befinden. Neben den bundesgesetzlichen Vorschriften, die sich auf die Ämter beziehen, die in allen Bundesländern vergeben werden, bestehen regelmäßig Landesbesoldungsgesetze, die die landesspezifischen Ämter einer Besoldungsgruppe zuordnen.

Artikel 75
(Rahmengesetzgebungskompetenz und Katalog)

(1) Der Bund hat das Recht, unter den Voraussetzungen des Artikels 72 Rahmenvorschriften für die Gesetzgebung der Länder zu erlassen über

1. die Rechtsverhältnisse der im öffentlichen Dienste der Länder, Gemeinden und anderen Körperschaften des öffentlichen Rechtes stehenden Personen, soweit Artikel 74 a nichts anderes bestimmt:

1 a. die allgemeinen Grundsätze des Hochschulwesens;

2. die allgemeinen Rechtsverhältnisse der Presse;

3. das Jagdwesen, den Naturschutz und die Landschaftspflege;

4. die Bodenverteilung, die Raumordnung und den Wasserhaushalt;

5. das Melde- und Ausweiswesen;

6. den Schutz deutschen Kulturgutes gegen Abwanderung ins Ausland.

Artikel 72 Abs. 3 gilt entsprechend.

(2) Rahmenvorschriften dürfen nur in Ausnahmefällen in Einzelheiten gehende oder unmittelbar geltende Regelungen enthalten.

(3) Erläßt der Bund Rahmenvorschriften, so sind die Länder verpflichtet, innerhalb einer durch das Gesetz bestimmten angemessenen Frist die erforderlichen Landesgesetze zu erlassen.

Inhalt der Vorschrift

Die Rahmengesetzgebungskompetenz des Bundes steht unter drei Voraussetzungen:

1. das Sachgebiet muß dem Katalog des Art. 75 oder aus Art. 98 Abs. III Satz 2 entstammen,

2. eine bundeseinheitliche Regelung muß i.S. des Art. 72 Abs. II erforderlich sein,

3. der Bund darf nur einen Rahmen setzen, der durch die Länder ausgefüllt werden kann, d.h. die Bestimmungen des Gesetzes dürfen nur im Ausnahmefall Einzelheiten enthalten (Abs. II). Durch eine solche Gesetzgebungskompetenz ist der Bund berechtigt, ausfüllungsbedürftige und ausfüllbare Normen zu erlassen, die den Ländern einen deutlichen Gestaltungsspielraum vorbehalten. Beispiele hierfür sind: Hochschulrahmengesetz, Beamtenrechtsrahmengesetz, Raumordnungsgesetz.

Die Länder sind nach Abs. III verpflichtet, in angemessener Frist die Rahmengesetzgebung durch Landesrecht auszufüllen. Vgl. auch Art. 125 a.

Artikel 76
(Einbringung von Gesetzesvorlagen)

(1) Gesetzesvorlagen werden beim Bundestag durch die Bundesregierung, aus der Mitte des Bundestages oder durch den Bundesrat eingebracht.

(2) Vorlagen der Bundesregierung sind zunächst dem Bundesrat zuzuleiten. Der Bundesrat ist berechtigt, innerhalb von sechs Wochen zu diesen Vorlagen Stellung zu nehmen. Verlangt er aus wichtigem Grunde, insbesondere mit Rücksicht auf den Umfang einer Vor-

lage, eine Fristverlängerung, so beträgt die Frist neun Wochen. Die Bundesregierung kann eine Vorlage, die sie bei der Zuleitung an den Bundesrat ausnahmsweise als besonders eilbedürftig bezeichnet hat, nach drei Wochen oder, wenn der Bundesrat ein Verlangen nach Satz 3 geäußert hat, nach sechs Wochen dem Bundestag zuleiten, auch wenn die Stellungnahme des Bundesrates noch nicht bei ihr eingegangen ist; sie hat die Stellungnahme des Bundesrates unverzüglich nach Eingang dem Bundestag nachzureichen. Bei Vorlagen zur Änderung dieses Grundgesetzes und zur Übertragung von Hoheitsrechten nach Artikel 23 oder Artikel 24 beträgt die Frist zur Stellungnahme neun Wochen; Satz 4 findet keine Anwendung.

(3) Vorlagen des Bundesrates sind dem Bundestag durch die Bundesregierung innerhalb von sechs Wochen zuzuleiten. Sie soll hierbei ihre Auffassung darlegen. Verlangt sie aus wichtigem Grunde, insbesondere mit Rücksicht auf den Umfang einer Vorlage, eine Fristverlängerung, so beträgt die Frist neun Wochen. Wenn der Bundesrat eine Vorlage ausnahmsweise als besonders eilbedürftig bezeichnet hat, beträgt die Frist drei Wochen oder, wenn die Bundesregierung ein Verlangen nach Satz 3 geäußert hat, sechs Wochen. Bei Vorlagen zur Änderung dieses Grundgesetzes und zur Übertragung von Hoheitsrechten nach Artikel 23 oder Artikel 24 beträgt die Frist neun Wochen; Satz 4 findet keine Anwendung. Der Bundestag hat über die Vorlagen in angemessener Frist zu beraten und Beschluß zu fassen.

Inhalt der Vorschrift

Art. 76 regelt das Gesetzesinitiativrecht, das der Bundesregierung, dem Bundesrat oder mindestens 34 Abgeordneten gemeinsam zusteht. Form usw. werden nicht durch das GG sondern durch die GeschO-BT geregelt. Das Gesetzesinitiativrecht stellt sich als eine vorparlamentarische Phase des Gesetzgebungsverfahrens dar. Art. 76 Abs. II regelt die Behandlung der Entwürfe der Bundesregierung, die, bevor sie in den Bundestag eingebracht werden können, dem Bundesrat zur Stellungnahme zuzuleiten sind. Abs. III regelt das Initiativrecht des Bundesrates, der seine Vorlagen über die Bundesregierung in den Bundestag einbringt und damit zuvor der Bundesregierung die Möglichkeit der Stellungnahme einräumen muß.

Artikel 77

(Gesetzgebungsverfahren)

(1) Die Bundesgesetze werden vom Bundestage beschlossen. Sie sind nach ihrer Annahme durch den Präsidenten des Bundestages unverzüglich dem Bundesrate zuzuleiten.

(2) Der Bundesrat kann binnen drei Wochen nach Eingang des Gesetzesbeschlusses verlangen, daß ein aus Mitgliedern des Bundestages und des Bundesrates für die gemeinsame Beratung von Vorlagen gebildeter Ausschuß einberufen wird. Die Zusammensetzung und das Verfahren dieses Ausschusses regelt eine Geschäftsordnung, die vom Bundestag beschlossen wird und der Zustimmung des Bundesrates bedarf. Die in diesen Ausschuß entsandten Mitglieder des Bundesrates sind nicht an Weisungen gebunden. Ist zu einem Gesetze die Zustimmung des Bundesrates erforderlich, so können auch der Bundestag und die Bundesregierung die Einberufung verlangen. Schlägt der Ausschuß eine Änderung des Gesetzesbeschlusses vor, so hat der Bundestag erneut Beschluß zu fassen.

(2 a) Soweit zu einem Gesetz die Zustimmung des Bundesrates erforderlich ist, hat der Bundesrat, wenn ein Verlangen nach Absatz 2 Satz 1 nicht gestellt oder das Vermittlungsverfahren ohne einen Vorschlag zur Änderung des Gesetzesbeschlusses beendet ist, in angemessener Frist über die Zustimmung Beschluß zu fassen.

(3) Soweit zu einem Gesetz die Zustimmung des Bundesrates nicht erforderlich ist, kann der Bundesrat, wenn das Verfahren nach Absatz 2 beendigt ist, gegen ein vom Bundestage beschlossenes Gesetz binnen zwei Wochen Einspruch einlegen. Die Einspruchsfrist beginnt im Falle des Absatzes 2 letzter Satz mit dem Eingange des vom Bundestage erneut gefaßten Beschlusses, in allen anderen Fällen mit dem Eingange der Mitteilung des Vorsitzenden des in Absatz 2 vorgesehenen Ausschusses, daß das Verfahren vor dem Ausschusse abgeschlossen ist.

(4) Wird der Einspruch mit der Mehrheit der Stimmen des Bundesrates beschlossen, so kann er durch Beschluß der Mehrheit der Mitglieder des Bundestages zurückgewiesen werden. Hat der Bundesrat den Einspruch mit einer Mehrheit von mindestens zwei Dritteln seiner Stimmen beschlossen, so bedarf die Zurückweisung durch den Bundestag einer Mehrheit von zwei Dritteln, mindestens der Mehrheit der Mitglieder des Bundestages.

Inhalt der Vorschrift

Die Regelung des parlamentarischen Ablaufes des Gesetzgebungsverfahrens wird durch das GG nur knapp dadurch vorgenommen, daß in Abs. I der Beschluß des Bundestages bestimmt wird. Weiteres Vorgehen, insbesondere die erste bis dritte Lesung, die Überweisung an die Ausschüsse, die Behandlung der Initiative bei Einbringung durch Druck und Numerierung werden durch die GeschO-BT geregelt. Lediglich die unverzügliche Übersendung des beschlossenen Gesetzes an den Bundesrat ist in Abs. I zusätzlich bestimmt.

Wesentlicher Inhalt der Vorschrift ist dementsprechend auch die Regelung der Beteiligung des Bundesrates am Gesetzgebungsverfahren. Damit wird verfassungsrechtlich die Beteiligung des Bundesrates als einer Zweiten Kammer als wichtiger Bestandteil des Gesetzgebungsverfahrens deutlich gemacht.

Der Bundesrat kann grundsätzlich gegen jeden Gesetzesbeschluß Einspruch einlegen (Abs. III), nachdem zuvor im Vermittlungsausschuß versucht worden ist, eine Einigung zu erzielen (Abs. II). Dieser kann vom Bundestag mit den in Abs. IV festgelegten Mehrheiten zurückgewiesen werden.

Anders verläuft das Verfahren dort, wo die Zustimmung des Bundesrates vom Grundgesetz ausdrücklich gefordert ist (Zustimmungsgesetze). In diesem Fall hat der Bundesrat regelmäßig, aber auch nach einem vergeblichen Vermittlungsverfahren über die Zustimmung zu beschließen (Abs. II a). Wird sie erteilt, gilt Art. 78, wird sie versagt, kann das Gesetz nicht in Kraft treten.

Artikel 78
(Zustandekommen von Gesetzen)

Ein vom Bundestage beschlossenes Gesetz kommt zustande, wenn der Bundesrat zustimmt, den Antrag gemäß Artikel 77 Absatz 2 nicht stellt, innerhalb der Frist des Artikels 77 Absatz 3 keinen Einspruch einlegt oder ihn zurücknimmt oder wenn der Einspruch vom Bundestag überstimmt wird.

Inhalt der Vorschrift

Art. 78 zählt die Möglichkeiten auf, unter denen ein Gesetz zustande kommt. In allen anderen Fällen kann ein Gesetz nicht Rechtsgültigkeit erlangen.

Artikel 79
(Grundgesetzänderungen)

(1) Das Grundgesetz kann nur durch ein Gesetz geändert werden, das den Wortlaut des Grundgesetzes ausdrücklich ändert oder ergänzt. Bei völkerrechtlichen Verträgen, die eine Friedensregelung, die Vorbereitung einer Friedensregelung oder den Abbau einer besatzungsrechtlichen Ordnung zum Gegenstand haben oder der Verteidigung der Bundesrepublik zu dienen bestimmt sind, genügt zur Klarstellung, daß die Bestimmungen des Grundgesetzes dem Abschluß und dem Inkraftsetzen der Verträge nicht entgegenstehen, eine Ergänzung des Wortlautes des Grundgesetzes, die sich auf diese Klarstellung beschränkt.

(2) Ein solches Gesetz bedarf der Zustimmung von zwei Dritteln der Mitglieder des Bundestages und zwei Dritteln der Stimmen des Bundesrates.

(3) Eine Änderung dieses Grundgesetzes, durch welche die Gliederung des Bundes in Länder, die grundsätzliche Mitwirkung der Länder bei der Gesetzgebung oder die in den Artikeln 1 und 20 niedergelegten Grundsätze berührt werden, ist unzulässig.

1. Bedeutung der Vorschrift

Mit der besonderen Regelung des Art. 79 für die Änderung des Grundgesetzes hebt der Verfassungsgeber die herausragende Bedeutung des Gesetzes hervor. Angesichts des Charakters des Grundgesetzes als der obersten Norm in der Bundesrepublik knüpft er an seine Änderung besondere Qualifikationen.

2. Wesentlicher Inhalt der Vorschrift

Grundgesetzänderungen erfordern regelmäßig die Zustimmung jeweils von zwei Dritteln der gesetzlichen Stimmenzahl von Bundestag und Bundesrat. Mit dieser qualifizierten Mehrheit knüpft das Grundgesetz die Änderungen an einen normalerweise die Grenzen der Regierungsmehrheit überschreitenden Konsens innerhalb von Bundestag und Bundesrat. Die auf diese Weise gesicherte qualifizierte Mehrheit bürgt für den Ausschluß von Mißbrauch.

Von sichernder Funktion ist auch die Forderung des Abs. I. Die Verpflichtung, den Wortlaut ausdrücklich ändern oder ergänzen zu müssen, schließt ein heimliches, unbemerktes Vorgehen aus. Abs. I Satz 2 ermöglicht bei den dort genannten völkerrechtlichen Verträgen, von der ausdrücklichen Änderung des GG abzusehen, wenn statt dessen in das GG eine Klarstellung aufgenommen wird, die noch nicht einmal den Wortlaut verändern muß. Mit der Aufnahme einer besonderen Vorschrift wird die Übereinstimmung des Vertrages mit dem GG bzw. die entsprechende Änderung oder Ergänzung des GG authentisch durch den Gesetzgeber interpretiert (angesichts dieser Verfassungsdurchbrechung wird die Rechtmäßigkeit der Vorschrift bestritten – Maunz/Dürig/Herzog/Scholz, RZ. 13).

Von maßgeblicher Bedeutung für die Grundordnung der Bundesrepublik ist schließlich Abs. III, der die Unveränderlichkeit der in den Art. 1 und 20 festgelegten Grundsätze bestimmt und damit die Grundlagen der Bundesrepublik und der Grundrechte sichert, allerdings nicht ohne eine der Dynamik der Entwicklung entsprechende Anpassung zu ermöglichen (BVerfGE 80, 112). Nach heute h.L. wird auch Abs. III selbst für unveränderlich gehalten (BVerfG, NJW 1991, 1597).

Artikel 80
(Rechtsverordnungen)

(1) Durch Gesetz können die Bundesregierung, ein Bundesminister oder die Landesregierungen ermächtigt werden, Rechtsverordnungen zu erlassen. Dabei müssen Inhalt, Zweck und Ausmaß der erteilten Ermächtigung im Gesetze bestimmt werden. Die Rechtsgrundlage ist in der Verordnung anzugeben. Ist durch Gesetz vorgesehen, daß eine Ermächtigung weiter übertragen werden kann, so bedarf es zur Übertragung der Ermächtigung einer Rechtsverordnung.

(2) Der Zustimmung des Bundesrates bedürfen, vorbehaltlich anderweitiger bundesgesetzlicher Regelung, Rechtsverordnungen der Bundesregierung oder eines Bundesministers über Grundsätze und Gebühren für die Benutzung der Einrichtungen des Postwesens und der Telekommunikation, über die Grundsätze der Erhebung des Entgelts für die Benutzung der Einrichtungen der Eisenbahnen des Bundes, über den Bau und Betrieb der Eisenbahnen sowie Rechtsverordnungen auf Grund von Bundesgesetzen, die der Zustimmung des Bundesrates bedürfen oder die von den Ländern im Auftrage des Bundes oder als eigene Angelegenheit ausgeführt werden.

(3) Der Bundesrat kann der Bundesregierung Vorlagen für den Erlaß von Rechtsverordnungen zuleiten, die seiner Zustimmung bedürfen.

(4) Soweit durch Bundesgesetz oder auf Grund von Bundesgesetzen Landesregierungen ermächtigt werden, Rechtsverordnungen zu erlassen, sind die Länder zu einer Regelung auch durch Gesetz befugt.

1. Bedeutung der Vorschrift

Die Vorschrift soll das Parlament von Detailarbeit entlasten und ihm die Zeit verschaffen, sich auf die wesentlichen Gesetzesvorhaben zu konzentrieren; dazu gehört auch die Entlastung von häufig erforderlichen Änderungen bzw. Anpassungen an sich ständig verändernde Entwicklungen, die ohne zeitraubende Verfahren erlassen werden können (BVerfGE 8, 321).

2. Wesentlicher Inhalt der Vorschrift

Der Bundestag kann aufgrund von Art. 80 auf Teile seines Gesetzgebungsaktes verzichten und diese im Wege einer Verordnungsermächtigung auf einen bestimmten Adressatenkreis übertragen. Adressaten sind: die Bundesregierung als Gremium (Art. 62), ein einzelner Bundesminister oder die Landesregierungen. Im Fall der Ermächtigung von Landesregierungen kann der jeweilige Landtag allerdings auch ein Gesetz erlassen (Abs. IV).

Da hierdurch die Exekutive einen Auftrag erhält, abgeleitetes, materielles Recht zu setzen, sind Grenzziehungen erforderlich, um die gesetzgebende Gewalt nicht auszuhöhlen. Abs. I sieht deshalb vor, daß das jeweilige Gesetz auch Inhalt, Zweck und Ausmaß der Verordnungsermächtigung angeben muß. Dabei kann dies nicht als eine wörtliche Vorgabe dessen verstanden werden, was geregelt werden soll. Es reicht aus, wenn im Wege einer Gesetzesinterpretation dies erkennbar wird, jedoch muß der Gesetzgeber der Exekutive durch das Gesetz gleichsam ein Programm für die zu regelnden Umstände vorgeben (Katz, RZ 446). Formell ist zu beachten, daß in der Rechtsverordnung nach Abs. I Satz 3 die Ermächtigungsnorm bezeichnet werden muß. In Abs. II ist darüber hinaus – neben einer Reihe einfachgesetzlicher Festlegungen – für bestimmte Verordnungen die Zustimmung des Bundesrates vorgesehen.

Ist die Verordnungsermächtigung übertragbar ausgestaltet, so kann die Übertragung nur durch Rechtsverordnung geschehen (Abs. I Satz 4).

Artikel 80 a
(Rechtsgeltung im „Notstand")

(1) Ist in diesem Grundgesetz oder in einem Bundesgesetz über die Verteidigung einschließlich des Schutzes der Zivilbevölkerung bestimmt, daß Rechtsvorschriften nur nach Maßgabe dieses Artikels angewandt werden dürfen, so ist die Anwendung außer im Verteidigungsfalle nur zulässig, wenn der Bundestag den Eintritt des Spannungsfalles festgestellt oder wenn er der Anwendung besonders zugestimmt hat. Die Feststellung des Spannungsfalles und die besondere Zustimmung in den Fällen des Artikels 12 a Abs. 5 Satz 1 und Abs. 6 Satz 2 bedürfen einer Mehrheit von zwei Dritteln der abgegebenen Stimmen.

(2) Maßnahmen auf Grund von Rechtsvorschriften nach Absatz 1 sind aufzuheben, wenn der Bundestag es verlangt.

(3) Abweichend von Absatz 1 ist die Anwendung solcher Rechtsvorschriften auch auf der Grundlage und nach Maßgabe eines Beschlusses zulässig, der von einem internationalen Organ im Rahmen eines Bündnisvertrages mit Zustimmung der Bundesregierung gefaßt wird. Maßnahmen nach diesem Absatz sind aufzuheben, wenn der Bundestag es mit der Mehrheit seiner Mitglieder verlangt.

1. Bedeutung der Vorschrift
Die Vorschrift hat Bedeutung für den Verteidigungs- oder Spannungsfall. Sie ist deshalb in engem Zusammenhang mit Art. 115 c zu sehen.

2. Inhalt der Vorschrift
Die Vorschrift betrifft Regelungen, die zwar ggfs. bereits erlassen sind, deren Wirksamkeit aber ausgesetzt ist, weil für sie die Feststellung des Spannungs- oder Verteidigungsfalles erforderlich ist (vgl. z.B. Art. 12 a Abs. V und VI die Wirtschaftssicherstellungsgesetze). Der Bundestag hat damit die Möglichkeit, erleichterte Verfügbarkeiten und Beschaffungen vorzunehmen. Die Geltung der Vorschriften ist davon abhängig, daß der Bundestag den Spannungsfall mit Zwei-Drittel-Mehrheit, den Verteidigungsfall gem. Art 115 a mit Zustimmung des Bundesrates mit Zwei-Drittel-Mehrheit feststellt oder die Bundesregierung einer Maßnahme eines Verteidigungsbündnisses zustimmt.

Artikel 81
(Gesetzgebungsnotstand)

(1) Wird im Falle des Artikels 68 der Bundestag nicht aufgelöst, so kann der Bundespräsident auf Antrag der Bundesregierung mit Zustimmung des Bundesrates für eine Gesetzesvorlage den Gesetzgebungsnotstand erklären, wenn der Bundestag sie ablehnt, obwohl die Bundesregierung sie als dringlich bezeichnet hat. Das gleiche gilt, wenn eine Gesetzesvorlage abgelehnt worden ist, obwohl der Bundeskanzler mit ihr den Antrag des Artikels 68 verbunden hatte.

(2) Lehnt der Bundestag die Gesetzesvorlage nach Erklärung des Gesetzgebungsnotstandes erneut ab oder nimmt er sie in einer für die Bundesregierung als unannehmbar bezeichneten Fassung an, so gilt das Gesetz als zustande gekommen, soweit der Bun-

desrat ihm zustimmt. Das gleiche gilt, wenn die Vorlage vom Bundestage nicht innerhalb von vier Wochen nach der erneuten Einbringung verabschiedet wird.

(3) Während der Amtszeit eines Bundeskanzlers kann auch jede andere vom Bundestag abgelehnte Gesetzesvorlage innerhalb einer Frist von sechs Monaten nach der ersten Erklärung des Gesetzgebungsnotstandes gemäß Absatz 1 und 2 verabschiedet werden. Nach Ablauf der Frist ist während der Amtszeit des gleichen Bundeskanzlers eine weitere Erklärung des Gesetzgebungsnotstandes unzulässig.

(4) Das Grundgesetz darf durch ein Gesetz, das nach Absatz 2 zustande kommt, weder geändert, noch ganz oder teilweise außer Kraft oder außer Anwendung gesetzt werden.

1. Bedeutung der Vorschrift

Für den Fall einer innenpolitischen Krise, in der Bundesregierung und Bundesrat keine gemeinsame Handlungsbasis mehr haben, trifft das GG mit Art. 81 Vorsorge.

2. Inhalt der Vorschrift

Wenn im Falle des Art. 68 der Bundestag nicht aufgelöst wurde, obwohl die Vertrauensfrage des Bundeskanzlers nicht die absolute Mehrheit gefunden hatte, und eine von der Bundesregierung als dringlich bezeichnete Gesetzesvorlage nicht angenommen wurde, oder der Bundestag eine Gesetzesvorlage abgelehnt hat, obwohl der Bundeskanzler mit ihr den Vertrauensantrag gestellt hatte, kann der Bundespräsident auf Antrag der Bundesregierung mit Zustimmung des Bundesrates den Gesetzgebungsnotstand erklären.

Das weitere Verfahren richtet sich dann nach dem Verhalten des Bundestages und weist dem Bundesrat die Funktion als Gesetzgebungsreserve zu (Maunz/Dürig/Herzog/Scholz, RZ 4 zu Art. 81). Nimmt der Bundestag die Vorlage nunmehr an, so geht das normale Gesetzgebungsverfahren weiter, lehnt der Bundestag die Vorlage erneut ab oder nimmt sie in einer für die Bundesregierung unannehmbaren Fassung an, so geht sie an den Bundesrat weiter und wird in der von diesem beschlossenen Fassung Gesetz, d.h. der Bundesrat entscheidet mithin über die Fassung des Gesetzes. Im letzteren Fall kann dieses Verfahren binnen sechs Monaten für jede Vorlage desselben Bundeskanzlers wiederholt werden.

Zur Sicherung schließt Abs. III jedoch jede weitere Erklärung des Gesetzgebungsnotstandes innerhalb der Amtszeit desselben Bundeskanzlers aus. Auch darf durch ein solcher Art zustande gekommenes Gesetz das Grundgesetz nicht geändert werden.

Artikel 82
(Inkrafttreten und Verkündung von Gesetzen)

(1) Die nach den Vorschriften dieses Grundgesetzes zustande gekommenen Gesetze werden vom Bundespräsidenten nach Gegenzeichnung ausgefertigt und im Bundesgesetzblatt verkündet. Rechtsverordnungen werden von der Stelle, die sie erläßt, ausgefertigt und vorbehaltlich anderweitiger gesetzlicher Regelung im Bundesgesetzblatte verkündet.

(2) Jedes Gesetz und jede Rechtsverordnung soll den Tag des Inkrafttretens bestimmen. Fehlt eine solche Bestimmung, so treten sie mit dem vierzehnten Tage nach Ablauf des Tages in Kraft, an dem das Bundesgesetzblatt ausgegeben worden ist.

Inhalt der Vorschrift

Art. 82 regelt das Wirksamwerden von Gesetzen. Der Gesetzesbeschluß des Bundestages – ggfs. mit Zustimmung des Bundesrates –, der also nach den Vorschriften des Grundgesetzes zustande gekommen ist, wird vom Bundeskanzler und den zuständigen Ressortministern abgezeichnet (Gegenzeichnung – Art. 58) und dem Bundespräsidenten zugeleitet. Dieser hat das Recht, das Gesetz formell und auch materiell auf seine Verfassungsmäßigkeit zu prüfen. Danach fertigt er es durch Unterschrift aus und veranlaßt die Verkündung im Bundesgesetzblatt.

Für Rechtsverordnungen sieht Abs. I Satz 2 nicht die Beteiligung des Bundespräsidenten vor, sondern überläßt die Ausfertigung der verordnenden Stelle.

Das Inkrafttreten eines Gesetzes wird üblicherweise in den Schlußvorschriften eines Gesetzes festgelegt. Sollte diese Angabe einmal fehlen, sieht Abs. II hierfür vor, daß das Gesetz 14 Tage nach dem Ablauf des Ausgabetages des entsprechenden Bundesgesetzblattes in Kraft tritt. Damit ist eine hinreichende Vorbereitungszeit auf die Regelungen sichergestellt.

VIII. Die Ausführung der Bundesgesetze und die Bundesverwaltung

Artikel 83

(Grundsatz)

Die Länder führen die Bundesgesetze als eigene Angelegenheit aus, soweit dieses Grundgesetz nichts anderes bestimmt oder zuläßt.

Wesentlicher Inhalt der Vorschrift

Art. 83 ist korrespondierend mit Art. 30 und 70 zu sehen, die ebenfalls das grundsätzliche Schwergewicht der Erfüllung von staatlichen Aufgaben in der Hand der Länder sehen. Allerdings ist das exekutive Schwergewicht eindeutig bei den Ländern zu finden.

Das Schwergewicht exekutiver Befugnisse bei den Ländern schließt allerdings nicht umfangreiche Bundeseinflüsse aus, nämlich dort, wo in den nachfolgenden Artikeln ausdrückliche Bindungen bestimmt sind. Hinzu kommen heute besondere Einwirkungen auf diese Bereiche durch die EU. Zu beachten sind auch unmittelbar im GG vorgesehene Vorbehalte. Von zunehmender Bedeutung sind darüber hinaus heute auch die Privatisierungsbestrebungen, mit denen ehemals verwaltungsimmanente Exekutivaufgaben an Private vergeben werden oder staatliche Aufgaben in eine privatrechtliche Rechtsform überführt werden (Post, Bahn – trotz der noch im GG enthaltenen Bestimmungen).

Artikel 84

(Landeseigenverwaltung)

(1) Führen die Länder die Bundesgesetze als eigene Angelegenheit aus, so regeln sie die Einrichtung der Behörden und das Verwaltungsverfahren, soweit nicht Bundesgesetze mit Zustimmung des Bundesrates etwas anderes bestimmen.

(2) Die Bundesregierung kann mit Zustimmung des Bundesrates allgemeine Verwaltungsvorschriften erlassen.

(3) Die Bundesregierung übt die Aufsicht darüber aus, daß die Länder die Bundesgesetze dem geltenden Rechte gemäß ausführen. Die Bundesregierung kann zu diesem Zwecke Beauftragte zu den obersten Landesbehörden entsenden, mit deren Zustimmung und, falls diese Zustimmung versagt wird, mit Zustimmung des Bundesrates auch zu den nachgeordneten Behörden.

(4) Werden Mängel, die die Bundesregierung bei der Ausführung der Bundesgesetze in den Ländern festgestellt hat, nicht beseitigt, so beschließt auf Antrag der Bundesregierung oder des Landes der Bundesrat, ob das Land das Recht verletzt hat. Gegen den Beschluß des Bundesrates kann das Bundesverfassungsgericht angerufen werden.

(5) Der Bundesregierung kann durch Bundesgesetz, das der Zustimmung des Bundesrates bedarf, zur Ausführung von Bundesgesetzen die Befugnis verliehen werden, für besondere Fälle Einzelweisungen zu erteilen. Sie sind, außer wenn die Bundesregierung den Fall für dringlich erachtet, an die obersten Landesbehörden zu richten.

Wesentlicher Inhalt der Vorschrift

Art. 84 enthält den Regelfall der Ausführung von Bundesgesetzen. Die Länder führen die Vorschriften in eigener Kompetenz mit eigenen Behörden, möglicherweise – und das ist sehr oft der Fall – auch durch die kommunalen Verwaltungen aus. Für die Verhaltensweise gelten, soweit nichts anderes bestimmt ist, die allgemeinen Verfahrensvorschriften des jeweiligen Landes.

Zu beachten ist jedoch, daß die Bundesregierung zur Ausführung der Gesetze mit Zustimmung des Bundesrates allgemeine Verwaltungsvorschriften erlassen kann, in denen z.b. Angaben über die Ausübung des Ermessens oder die Grundlagen für die Verteilung von Geldern festgelegt sind. Damit wird die bundesweit einheitliche Handhabung weitgehend sichergestellt. Dies kann durch gesetzliche Ermächtigung nach Abs. V auch auf Einzelweisungen erweitert werden.

Im übrigen führt die Bundesregierung nach den Abs. III und IV die Rechtsaufsicht und hat die im Rahmen dieser Aufsicht allgemein zur Verfügung stehenden Mittel zur Durchsetzung rechtmäßigen Verwaltungshandelns zur Verfügung.

Artikel 85
(Länderverwaltung im Auftrag des Bundes)

(1) Führen die Länder die Bundesgesetze im Auftrage des Bundes aus, so bleibt die Einrichtung der Behörden Angelegenheit der Länder, soweit nicht Bundesgesetze mit Zustimmung des Bundesrates etwas anderes bestimmen.

(2) Die Bundesregierung kann mit Zustimmung des Bundesrates allgemeine Verwaltungsvorschriften erlassen. Sie kann die einheitliche Ausbildung der Beamten und Angestellten regeln. Die Leiter der Mittelbehörden sind mit ihrem Einvernehmen zu bestellen.

(3) Die Landesbehörden unterstehen den Weisungen der zuständigen obersten Bundesbehörden. Die Weisungen sind, außer wenn die Bundesregierung es für dringlich erachtet, an die obersten Landesbehörden zu richten. Der Vollzug der Weisung ist durch die obersten Landesbehörden sicherzustellen.

(4) Die Bundesaufsicht erstreckt sich auf Gesetzmäßigkeit und Zweckmäßigkeit der Ausführung. Die Bundesregierung kann zu diesem Zwecke Bericht und Vorlage der Akten verlangen und Beauftragte zu allen Behörden entsenden.

Inhalt der Vorschrift

Die Vorschrift regelt eine reine Landesverwaltung, die zur Ausführung von Bundesgesetzen durchgeführt wird und vom Bund den Ländern i.S. eines besonderen Auftrages übertragen wurde (z.B. Art. 90 Abs. II, 108 Abs. IV). Der Bund besitzt diesbezüglich allerdings gesteigerte Einflußrechte, insbesondere können mit Zustimmung des Bundesrates allgemeine Verwaltungsvorschriften erlassen, eine einheitliche Ausbildung der Beschäftigten (Abs. II), spezielle Weisungen an die obersten Landesbehörden (Abs. III) erteilt werden. Von Besonderheit ist auch die Einschränkung der Personalhoheit der Länder, indem die Leiter der Mittelbehörden nur im Einvernehmen mit der Bundesregierung bestellt werden dürfen (Abs. II Satz 3). Schließlich besteht eine interne Weisungsbefugnis. Während nach Art. 84 lediglich eine Rechtsaufsicht festgelegt ist, räumt Abs. IV dem Bund auch die Fachaufsicht, also Kontrolle nach Recht- und Zweckmäßigkeit, ein.

Überblick über die Art. 86 bis 90

Inhalt der Vorschriften

Art. 86 bis 90 regeln die bundeseigene Verwaltung und eröffnen darüber hinaus auch für bestimmte, aufgezählte Verwaltungskompetenzen die Möglichkeit, diese in anderer Verwaltungsform i.S. der Art. 84 und 85 durchzuführen.

Bei der bundeseigenen Verwaltung steht dem Bund das allgemeine Verwaltungsorganisationsrecht, die Verfahrensregelung und die Zuständigkeitszuweisung zu. Insbesondere läßt Art. 87 in diesem Zusammenhang auch zu, daß weitere juristische Personen des öffentlichen Rechts des Bundes in den Verwaltungsvollzug geschaffen oder eingebunden werden und benennt wesentliche Bereiche der bundeseigenen Verwaltung.

Die Art. 87a bis 90 enthalten spezielle Einzelregelungen für die Bereiche von Bundeswehr und Verwaltung, Kernenergie, Luftfahrt, Bahn, Post, Bundesbank, Wasserstraßen und Autobahnen. Zur Ausfüllung dieser Zuständigkeiten sind jeweils eigenständige gesetzliche Regelungen auf der Basis der entsprechenden Artikel des Grundgesetzes erlassen worden.

Artikel 86
(Bundeseigene Verwaltung)

Führt der Bund die Gesetze durch bundeseigene Verwaltung oder durch bundesunmittelbare Körperschaften oder Anstalten des öffentlichen Rechtes aus, so erläßt die Bundesregierung, soweit nicht das Gesetz Besonderes vorschreibt, die allgemeinen Verwaltungsvorschriften. Sie regelt, soweit das Gesetz nichts anderes bestimmt, die Einrichtung der Behörden.

Artikel 87
(Zuständigkeiten bundeseigener Verwaltung)

(1) In bundeseigener Verwaltung mit eigenem Verwaltungsunterbau werden geführt der Auswärtige Dienst, die Dienstfinanzverwaltung und nach Maßgabe des Artikels 89 die Verwaltung der Bundeswasserstraßen und Schiffahrt. Durch Bundesgesetz können Bundesgrenzschutzbehörden, Zentralstellen für das polizeiliche Auskunfts- und Nachrichtenwesen, für die Kriminalpolizei und zur Sammlung von Unterlagen für Zwecke des Verfassungsschutzes und des Schutzes gegen Bestrebungen im Bundesgebiet, die durch Anwendung von Gewalt oder darauf gerichtete Vorbereitungshandlungen auswärtige Belange der Bundesrepublik Deutschland gefährden, eingerichtet werden.

(2) Als bundesunmittelbare Körperschaften des öffentlichen Rechtes werden diejenigen sozialen Versicherungsträger geführt, deren Zuständigkeitsbereiche sich über das Gebiet eines Landes hinaus erstreckt. Soziale Versicherungsträger, deren Zuständigkeitsbereich sich über das Gebiet eines Landes, aber nicht über mehr als drei Länder hinaus erstreckt, werden abweichend von Satz 1 als landesunmittelbare Körperschaften des öffentlichen Rechtes geführt, wenn das aufsichtsführende Land durch die beteiligten Länder bestimmt ist.

(3) Außerdem können für Angelegenheiten, für die dem Bunde die Gesetzgebung zusteht, selbständige Bundesoberbehörden und neue bundesunmittelbare Körperschaften und Anstalten des öffentlichen Rechtes durch Bundesgesetz errichtet werden. Erwachsen dem Bunde auf Gebieten, für die ihm die Gesetzgebung zusteht, neue Aufgaben, so können bei

dringendem Bedarf bundeseigene Mittel- und Unterbehörden mit Zustimmung des Bundesrates und der Mehrheit der Mitglieder des Bundestages errichtet werden.

Artikel 87 a

(Bundeswehr)

(1) Der Bund stellt Streitkräfte zur Verteidigung auf. Ihre zahlenmäßige Stärke und die Grundzüge ihrer Organisation müssen sich aus dem Haushaltsplan ergeben.

(2) Außer zur Verteidigung dürfen die Streitkräfte nur eingesetzt werden, soweit dieses Grundgesetz es ausdrücklich zuläßt.

(3) Die Streitkräfte haben im Verteidigungsfalle und im Spannungsfalle die Befugnis, zivile Objekte zu schützen und Aufgaben der Verkehrsregelung wahrzunehmen, soweit dies zur Erfüllung ihres Verteidigungsauftrages erforderlich ist. Außerdem kann den Streitkräften im Verteidigungsfalle und im Spannungsfalle der Schutz ziviler Objekte auch zur Unterstützung polizeilicher Maßnahmen übertragen werden; die Streitkräfte wirken dabei mit den zuständigen Behörden zusammen.

(4) Zur Abwehr einer drohenden Gefahr für den Bestand oder die freiheitliche demokratische Grundordnung des Bundes oder eines Landes kann die Bundesregierung, wenn die Voraussetzungen des Artikels 91 Abs. 2 vorliegen und die Polizeikräfte sowie der Bundesgrenzschutz nicht ausreichen, Streitkräfte zur Unterstützung der Polizei und des Bundesgrenzschutzes beim Schutze von zivilen Objekten und bei der Bekämpfung organisierter und militärisch bewaffneter Aufständischer einsetzen. Der Einsatz von Streitkräften ist einzustellen, wenn der Bundestag oder der Bundesrat es verlangen.

Artikel 87 b

(Bundeswehrverwaltung)

(1) Die Bundeswehrverwaltung wird in bundeseigener Verwaltung mit eigenem Verwaltungsunterbau geführt. Sie dient den Aufgaben des Personalwesens und der unmittelbaren Deckung des Sachbedarfs der Streitkräfte. Aufgaben der Beschädigtenversorgung und des Bauwesens können der Bundeswehrverwaltung nur durch Bundesgesetz, das der Zustimmung des Bundesrates bedarf, übertragen werden. Der Zustimmung des Bundesrates bedürfen ferner Gesetze, soweit sie die Bundeswehrverwaltung zu Eingriffen in Rechte Dritter ermächtigen; das gilt nicht für Gesetze auf dem Gebiete des Personalwesens.

(2) Im übrigen können Bundesgesetze, die der Verteidigung einschließlich des Wehrersatzwesens und des Schutzes der Zivilbevölkerung dienen, mit Zustimmung des Bundesrates bestimmen, daß sie ganz oder teilweise von bundeseigener Verwaltung mit eigenem Verwaltungsunterbau oder von den Ländern im Auftrage des Bundes ausgeführt werden. Werden solche Gesetze von den Ländern im Auftrage des Bundes ausgeführt, so können sie mit Zustimmung des Bundesrates bestimmen, daß die der Bundesregierung und den zuständigen obersten Bundesbehörden auf Grund des Artikels 85 zustehenden Befugnisse ganz oder teilweise Bundesoberbehörden übertragen werden; dabei kann bestimmt werden, daß diese Behörden beim Erlaß allgemeiner Verwaltungsvorschriften gemäß Artikel 85 Abs. 2 Satz 1 nicht der Zustimmung des Bundesrates bedürfen.

Artikel 87 c

(Auftragsverwaltung bei Kernenergie)

Gesetze, die auf Grund des Artikels 74 Nr. 11 a ergehen, können mit Zustimmung des Bundesrates bestimmen, daß sie von den Ländern im Auftrage des Bundes ausgeführt werden.

Artikel 87 d

(Luftverkehr)

(1) Die Luftverkehrsverwaltung wird in bundeseigener Verwaltung geführt. Über die öffentlich-rechtliche oder privat-rechtliche Organisationsform wird durch Bundesgesetz entschieden.

(2) Durch Bundesgesetz, das der Zustimmung des Bundesrates bedarf, können Aufgaben der Luftverkehrsverwaltung den Ländern als Auftragsverwaltung übertragen werden.

Artikel 87 e

(Bahnverwaltung)

(1) Die Eisenbahnverkehrsverwaltung für Eisenbahnen des Bundes wird in bundeseigener Verwaltung geführt. Durch Bundesgesetz können Aufgaben der Eisenbahnverkehrsverwaltung den Ländern als eigene Angelegenheit übertragen werden.

(2) Der Bund nimmt die über den Bereich der Eisenbahnen des Bundes hinausgehenden Aufgaben der Eisenbahnverkehrsverwaltung wahr, die ihm durch Bundesgesetz übertragen werden.

(3) Eisenbahnen des Bundes werden als Wirtschaftsunternehmen in privatrechtlicher Form geführt. Diese stehen im Eigentum des Bundes, soweit die Tätigkeit des Wirtschaftsunternehmens den Bau, die Unterhaltung und das Betreiben von Schienenwegen umfaßt. Die Veräußerung von Anteilen des Bundes an den Unternehmen nach Satz 2 erfolgt auf Grund eines Gesetzes; die Mehrheit der Anteile an diesen Unternehmen verbleibt beim Bund. Das Nähere wird durch Bundesgesetz geregelt.

(4) Der Bund gewährleistet, daß dem Wohl der Allgemeinheit, insbesondere den Verkehrsbedürfnissen, beim Ausbau und Erhalt des Schienennetzes der Eisenbahnen des Bundes sowie bei deren Verkehrsangeboten auf diesem Schienennetz, soweit diese nicht den Schienenpersonennahverkehr betreffen, Rechnung getragen wird. Das Nähere wird durch Bundesgesetz geregelt.

(5) Gesetze auf Grund der Absätze 1 bis 4 bedürfen der Zustimmung des Bundesrates. Der Zustimmung des Bundesrates bedürfen ferner Gesetze, die die Auflösung, die Verschmelzung und die Aufspaltung von Eisenbahnunternehmen des Bundes, die Übertragung von Schienenwegen der Eisenbahnen des Bundes an Dritte sowie die Stillegung von Schienenwegen der Eisenbahnen des Bundes regeln oder Auswirkungen auf den Schienenpersonennahverkehr haben.

Artikel 87 f

(Bundespost)

(1) Nach Maßgabe eines Bundesgesetzes, das der Zustimmung des Bundesrates bedarf, gewährleistet der Bund im Bereich des Postwesens und der Telekommunikation flächendeckend angemessene und ausreichende Dienstleistungen.

(2) Dienstleistungen im Sinne des Absatzes 1 werden als privatwirtschaftliche Tätigkeiten durch die aus dem Sondervermögen Deutsche Bundespost hervorgegangenen Unternehmen und durch andere private Anbieter erbracht. Hoheitsaufgaben im Bereich des Postwesens und der Telekommunikation werden in bundeseigener Verwaltung ausgeführt.

(3) Unbeschadet des Absatzes 2 Satz 2 führt der Bund in der Rechtsform einer bundesunmittelbaren Anstalt des öffentlichen Rechts einzelne Aufgaben in bezug auf die aus dem Sondervermögen Deutsche Bundespost hervorgegangenen Unternehmen nach Maßgabe eines Bundesgesetzes aus.

Artikel 88

(Bundesbank)

Der Bund errichtet eine Währungs- und Notenbank als Bundesbank. Ihre Aufgaben und Befugnisse können im Rahmen der Europäischen Union der Europäischen Zentralbank übertragen werden, die unabhängig ist und dem vorrangigen Ziel der Sicherung der Preisstabilität verpflichtet.

Artikel 89

(Bundeswasserstraßen)

(1) Der Bund ist Eigentümer der bisherigen Reichswasserstraßen.

(2) Der Bund verwaltet die Bundeswasserstraßen durch eigene Behörden. Er nimmt die über den Bereich eines Landes hinausgehenden staatlichen Aufgaben der Binnenschiffahrt und die Aufgaben der Seeschiffahrt wahr, die ihm durch Gesetz übertragen werden. Er kann die Verwaltung von Bundeswasserstraßen, soweit sie im Gebiete eines Landes liegen, diesem Lande auf Antrag als Auftragsverwaltung übertragen. Berührt eine Wasserstraße das Gebiet mehrerer Länder, so kann der Bund das Land beauftragen, für das die beteiligten Länder es beantragen.

(3) Bei der Verwaltung, dem Ausbau und dem Neubau von Wasserstraßen sind die Bedürfnisse der Landeskultur und der Wasserwirtschaft im Einvernehmen mit den Ländern zu wahren.

Artikel 90

(Autobahnen)

(1) Der Bund ist Eigentümer der bisherigen Reichsautobahnen und Reichsstraßen.

(2) Die Länder oder die nach Landesrecht zuständigen Selbstverwaltungskörperschaften verwalten die Bundesautobahnen und sonstigen Bundesstraßen des Fernverkehrs im Auftrage des Bundes.

(3) Auf Antrag eines Landes kann der Bund Bundesautobahnen und sonstige Bundesstraßen des Fernverkehrs, soweit sie im Gebiet dieses Landes liegen, in bundeseigene Verwaltung übernehmen.

Artikel 91
(Länderübergreifender Polizeieinsatz)

(1) Zur Abwehr einer drohenden Gefahr für den Bestand oder die freiheitliche demokratische Grundordnung des Bundes oder eines Landes kann ein Land Polizeikräfte anderer Länder sowie Kräfte und Einrichtungen anderer Verwaltungen und des Bundesgrenzschutzes anfordern.

(2) Ist das Land, in dem die Gefahr droht, nicht selbst zur Bekämpfung der Gefahr bereit oder in der Lage, so kann die Bundesregierung die Polizei in diesem Lande und die Polizeikräfte anderer Länder ihren Weisungen unterstellen sowie Einheiten des Bundesgrenzschutzes einsetzen. Die Anordnung ist nach Beseitigung der Gefahr, im übrigen jederzeit auf Verlangen des Bundesrates aufzuheben. Erstreckt sich die Gefahr auf das Gebiet mehr als eines Landes, so kann die Bundesregierung, soweit es zur wirksamen Bekämpfung erforderlich ist, den Landesregierungen Weisungen erteilen; Satz 1 und Satz 2 bleiben unberührt.

Inhalt der Vorschrift

Art. 91 schafft, unter Durchbrechung der Eigenständigkeit der Länder, die Möglichkeit, Polizeikräfte länderübergreifend einzusetzen, um Gefahren von Bund und/oder Land abzuwenden. Hierbei ist unerheblich, ob die Gefahr von einer Person oder Gruppe oder Außenstehenden gezielt ausgeht, entscheidend ist der objektive Gefahrentatbestand.

Art. 91 begründet insoweit eine gegenseitige Hilfeleistungspflicht der Länder. Ein betroffenes Land kann um Hilfe bitten, wenn der Gefahrentatbestand eintritt. Dies gilt unabhängig von der Frage, ob es der Hilfe bedarf. Der Hilferuf wird aber für die anderen Länder zur Verpflichtung, wenn das Land der Lage allein nicht Herr werden kann.

Eine subsidiäre Befehlsgewalt steht in diesem Falle auch der Bundesregierung zu (Abs. II). Die Gleichordnung zwischen den Polizeien der Länder und dem BGS wird durch die Vorschrift betont.

VIII a. Gemeinschaftsaufgaben

Überblick über die Artikel 91 a und 91 b

Die Art. 91 a und 91 b regeln verfassungsrechtlich eine bereits vorher geübte Praxis zwischen Bund und Ländern, in den drei in Art. 91 a Abs. I genannten Bereichen eine gemeinsame Finanzierung der Aufgabenerfüllung vorzunehmen, für die den Ländern allein die finanzielle Kraft fehlt. Die Mitwirkung des Bundes bei der Verwaltung beschränkt sich auf die nähere Bezeichnung der Aufgaben und Grundsätze der Durchführung durch zustimmungsbedürftiges Gesetz. Weisungsbefugnisse oder eine verwaltungstechnische Beteiligung des Bundes finden nicht statt. Maßgeblich ist jedoch die Planung, die von den Ländern eingebracht und vom Bund in einen Rahmenplan aufgenommen werden muß.

Bei der Bildungsplanung und bei Forschungseinrichtungen von überregionaler Bedeutung (Elektronen-Sychrotron, Kernforschungsanlagen) ist die Abstimmung über die Kosten mittels Vereinbarung zwischen Bund und Ländern vorzunehmen, für die drei Gemeinschaftsaufgaben reicht neben der Planung die Einstellung der Mittel in den Haushalt. Alles weitere wird durch Gesetz geregelt, das Planung und Verfahren festlegt.

Artikel 91 a
(Gemeinschaftsaufgaben)

(1) Der Bund wirkt auf folgenden Gebieten bei der Erfüllung von Aufgaben der Länder mit, wenn diese Aufgaben für die Gesamtheit bedeutsam sind und die Mitwirkung des Bundes zur Verbesserung der Lebensverhältnisse erforderlich ist (Gemeinschaftsaufgaben);

1. Ausbau und Neubau von Hochschulen einschließlich der Hochschulkliniken,

2. Verbesserung der regionalen Wirtschaftsstruktur,

3. Verbesserung der Agrarstruktur und des Küstenschutzes.

(2) Durch Bundesgesetz mit Zustimmung des Bundesrates werden die Gemeinschaftsaufgaben näher bestimmt. Das Gesetz soll allgemeine Grundsätze für ihre Erfüllung enthalten.

(3) Das Gesetz trifft Bestimmungen über das Verfahren und über Einrichtungen für eine gemeinsame Rahmenplanung. Die Aufnahme eines Vorhabens in die Rahmenplanung bedarf der Zustimmung des Landes, in dessen Gebiet es durchgeführt wird.

(4) Der Bund trägt in den Fällen des Absatzes 1 Nr. 1 und 2 die Hälfte der Ausgaben in jedem Land. In den Fällen des Absatzes 1 Nr. 3 trägt der Bund mindestens die Hälfte; die Beteiligung ist für alle Länder einheitlich festzusetzen. Das Nähere regelt das Gesetz. Die Bereitstellung der Mittel bleibt der Feststellung in den Haushaltsplänen des Bundes und der Länder vorbehalten.

(5) Bundesregierung und Bundesrat sind auf Verlangen über die Durchführung der Gemeinschaftsaufgaben zu unterrichten.

Artikel 91 b
(Bildungsplanung und Forschung)

Bund und Länder können auf Grund von Vereinbarungen bei der Bildungsplanung und bei der Förderung von Einrichtungen und Vorhaben der wissenschaftlichen Forschung von überregionaler Bedeutung zusammenwirken. Die Aufteilung der Kosten wird in der Vereinbarung geregelt.

IX. Die Rechtsprechung

Artikel 92

(Organisation der Judikative)

Die rechtsprechende Gewalt ist den Richtern anvertraut; sie wird durch das Bundesverfassungsgericht, durch die in diesem Grundgesetz vorgesehenen Bundesgerichte und durch die Gerichte der Länder ausgeübt.

Bedeutung der Vorschrift

Art. 93 ist ein Ausfluß des Gewaltenteilungsprinzipes. Er soll die Unabhängigkeit und Selbstständigkeit der rechtsprechenden Gewalt gewährleisten. Zu diesem Zweck wird gemäß Art. 97 die Aufgabe der Rechtsprechung nur Richtern übergeben. Ferner findet gleichzeitig eine Unterteilung der Gerichte in Bundes- und Landesgerichte statt.

Artkel 93

(Zuständigkeit des Bundesverfassungsgerichts)

(1) Das Bundesverfassungsgericht entscheidet:

1. über die Auslegung dieses Grundgesetzes aus Anlaß von Streitigkeiten über den Umfang der Rechte und Pflichten eines obersten Bundesorganes oder anderer Beteiligter, die durch dieses Grundgesetz oder in der Geschäftsordnung eines obersten Bundesorgans mit eigenen Rechten ausgestattet sind;

2. bei Meinungsverschiedenheiten oder Zweifeln über die förmliche und sachliche Vereinbarkeit von Bundesrecht oder Landesrecht mit diesem Grundgesetz oder die Vereinbarkeit von Landesrecht mit sonstigem Bundesrecht auf Antrag der Bundesregierung, einer Landesregierung oder eines Drittels der Mitglieder des Bundestages;

2 a. bei Meinungsverschiedenheiten, ob ein Gesetz den Voraussetzungen des Artikels 72 Abs. 2 entspricht, auf Antrag des Bundesrates, einer Landesregierung oder der Volksvertretung eines Landes:

3. bei Meinungsverschiedenheiten über Rechte und Pflichten des Bundes und der Länder, insbesondere bei der Ausführung von Bundesrecht durch die Länder und bei der Ausübung der Bundesaufsicht;

4. in anderen öffentlich-rechtlichen Streitigkeiten zwischen dem Bunde und den Ländern, zwischen verschiedenen Ländern oder innerhalb eines Landes, soweit nicht ein anderer Rechtsweg gegeben ist;

4 a. über Verfassungsbeschwerden, die von jedermann mit der Behauptung erhoben werden können, durch die öffentliche Gewalt in einem seiner Grundrechte oder in einem seiner in Artikel 20 Abs. 4, 33, 38, 101, 103 und 104 enthaltenen Rechte verletzt zu sein;

4 b. über Verfassungsbeschwerden von Gemeinden und Gemeindeverbänden wegen Verletzung des Rechts auf Selbstverwaltung nach Artikel 28 durch ein Gesetz, bei Landesgesetzen jedoch nur, soweit nicht Beschwerde beim Landesverfassungsgericht erhoben werden kann;

5. in den übrigen in diesem Grundgesetz vorgesehenen Fällen.

(2) Das Bundesverfassungsgericht wird ferner in den ihm sonst durch Bundesgesetz zugewiesenen Fällen tätig.

Inhalt der Vorschrift

Art. 93 ist ein Katalog, der die Zuständigkeit des Bundesverfassungsgerichtes regelt. Er ist in Verbindung mit dem Bundesverfassungsgerichtgesetz (BVerfGG) zu sehen.

Artikel 94
(Zusammensetzung des Bundesverfassunsgerichts)

(1) Das Bundesverfassungsgericht besteht aus Bundesrichtern und anderen Mitgliedern. Die Mitglieder des Bundesverfassungsgerichts werden je zur Hälfte vom Bundestage und vom Bundesrate gewählt. Sie dürfen weder dem Bundestage, dem Bundesrate, der Bundesregierung noch entsprechenden Organen eines Landes angehören.

(2) Ein Bundesgesetz regelt seine Verfassung und das Verfahren und bestimmt, in welchen Fällen seine Entscheidungen Gesetzeskraft haben. Es kann für Verfassungsbeschwerden die vorherige Erschöpfung des Rechtsweges zur Voraussetzung machen und ein besonderes Annahmeverfahren vorsehen.

Inhalt der Vorschrift

Art. 94 regelt nicht nur die Voraussetzungen für die Wahl, bzw. die Wählbarkeit von Richtern am Bundesverfassungsgericht, sondern sieht auch den Erlaß eines Bundesgesetzes vor, welches weiteres über das Bundesverfassungsgericht regelt.

Artikel 95
Bundesgerichte

(1) Für die Gebiete der ordentlichen, der Verwaltungs-, der Finanz-, der Arbeits- und der Sozialgerichtsbarkeit errichtet der Bund als oberste Gerichtshöfe den Bundesgerichtshof, das Bundesverwaltungsgericht, den Bundesfinanzhof, das Bundesarbeitsgericht und das Bundessozialgericht.

(2) Über die Berufung der Richter dieser Gerichte entscheidet der für das jeweilige Sachgebiet zuständige Bundesminister gemeinsam mit einem Richterwahlausschuß, der aus den für das jeweilige Sachgebiet zuständigen Minister der Länder und einer gleichen Anzahl von Mitgliedern besteht, die vom Bundestag gewählt werden.

(3) Zur Wahrung der Einheitlichkeit der Rechtsprechung ist ein Gemeinsamer Senat der in Absatz 1 genannten Gerichte zu bilden. Das Nähere regelt ein Bundesgesetz.

Inhalt der Vorschrift

Art. 95 regelt die Aufteilung in Zweige und den Aufbau der obersten Gerichtshöfe. Die hier benannten Gerichte sind:

Der Bundesgerichtshof in Karlsruhe, das Bundesverwaltunsgericht in Berlin mit Wehrdienstsenaten in München, der Bundesfinanzhof in München, das Bundesarbeitsgericht in Kassel (demnächst Erfurt) und das Bundessozialgericht in Kassel.

Für die Berufung der Richter an diese Gerichtshöfe ist der jeweilige Fachminister des Bundes zuständig, nachdem der Richterwahlausschuß des Bundes seine Wahl getroffen hat.

Zum Zwecke der Wahrung der Einheitlichkeit der Rechtsprechung schreibt die Vorschrift die Bildung eines Gemeinsamen Senates der obersten Gerichtshöfe des Bundes vor, für den nähere Einzelheiten durch ein Bundesgesetz geregelt sind.

Artikel 96

(Gerichte des Bundes)

(1) Der Bund kann für Angelegenheiten des gewerblichen Rechtsschutzes ein Bundesgericht errichten.

(2) Der Bund kann Wehrstrafgerichte für die Streitkräfte als Bundesgerichte errichten. Sie können die Strafgerichtsbarkeit nur im Verteidigungsfalle sowie über Angehörige der Streitkräfte ausüben, die in das Ausland entsandt oder an Bord von Kriegsschiffen eingeschifft sind. Das Nähere regelt ein Bundesgesetz. Diese Gerichte gehören zum Geschäftsbereich des Bundesjustizministers. Ihre hauptamtlichen Richter müssen die Befähigung zum Richteramt haben.

(3) Oberster Gerichtshof für die in Absatz 1 und 2 genannten Gerichte ist der Bundesgerichtshof.

(4) Der Bund kann für Personen, die zu ihm in einem öffentlich-rechtlichen Dienstverhältnis stehen, Bundesgerichte zur Entscheidung in Disziplinarverfahren und Beschwerdeverfahren errichten.

(5) Für Strafverfahren auf den Gebieten des Artikels 26 Abs. 1 und des Staatsschutzes kann ein Bundesgesetz mit Zustimmung des Bundesrates vorsehen, daß Gerichte der Länder Gerichtsbarkeit des Bundes ausüben.

Inhalt der Vorschrift

Art. 96 regelt für den Bund die Möglichkeit, Gerichte für besondere Sachgebiete einzurichten. Dies ist durch eigenständige gesetzliche Regelungen geschehen. Durch § 65 PatentG wurde das Bundespatentgericht in München geschaffen. Wehrstrafgerichte sind noch nicht eingerichtet. Disziplinargerichte erster Instanz bestehen an mehreren Standorten in der Bundesrepublik, zweit- und damit letztinstanzlich sind die Disziplinarsenate des Bundesverwaltungsgerichts in Berlin zuständig.

Artikel 97

(Richterliche Unabhängigkeit)

(1) Die Richter sind unabhängig und nur dem Gesetze unterworfen.

(2) Die hauptamtlich und planmäßig endgültig angestellten Richter können wider ihren Willen nur kraft richterlicher Entscheidung und nur aus Gründen und unter den Formen, welche die Gesetze bestimmen, vor Ablauf ihrer Amtszeit entlassen oder dauernd oder zeitweise ihres Amts enthoben oder an eine andere Stelle oder in den Ruhestand versetzt werden. Die Gesetzgebung kann Altersgrenzen festsetzen, bei deren Erreichung auf Lebensdauer angestellte Richter in den Ruhestand treten. Bei Veränderung der Einrichtung der Gerichte oder ihrer Bezirke können Richter an ein anderes Gericht versetzt oder aus dem Amt entfernt werden, jedoch nur unter Belassung des vollen Gehalts.

1. Bedeutung der Vorschrift

Die verfassungsrechtlich gesicherte Unabhängigkeit der Richter dient der neutralen Stellung der dritten Gewalt, der Judikative, im Verfassungs- und Staatsgefüge. Damit sichert die Verfassung die Kontrolle der Gewaltenteilung und das Vertrauen aller in die Gerichte.

2. Inhalt der Vorschrift

Durch Abs. I wird die sachliche und die persönliche Unabhängigkeit der Richter in Bund und Ländern garantiert.

Die sachliche Unabhängigkeit ist insbesondere darin zu sehen, daß dem Richter nicht vorgeschrieben werden darf, wie er einen Fall zu entscheiden hat. Er hat vielmehr aus eigener Überzeugung und Rechtsfindung die Entscheidung zu treffen.

Die persönliche Unabhängigkeit der Richter wird in Abs. II näher umschrieben. Darüber hinaus gehört zur persönlichen Unabhängigkeit jedoch auch die angemessene Alimentation, wie sie beamtenrechtlichen Grundsätzen entspringt. Nur damit ist auch eine materielle Unabhängigkeit gewährleistet.

Artikel 98
(Rechtsstellung der Richter)

(1) Die Rechtsstellung der Bundesrichter ist durch besonderes Bundesgesetz zu regeln.

(2) Wenn ein Bundesrichter im Amte oder außerhalb des Amtes gegen die Grundlage des Grundgesetzes oder gegen die verfassungsmäßige Ordnung eines Landes verstößt, so kann das Bundesverfassungsgericht mit Zweidrittelmehrheit auf Antrag des Bundestages anordnen, daß der Richter in ein anderes Amt oder in den Ruhestand zu versetzen ist. Im Falle eines vorsätzlichen Verstoßes kann auf Entlassung erkannt werden.

(3) Die Rechtsstellung der Richter in den Ländern ist durch besondere Landesgesetze zu regeln. Der Bund kann Rahmenvorschriften erlassen, soweit Artikel 74 a Abs. 4 nichts anderes bestimmt.

(4) Die Länder können bestimmen, daß über die Anstellung der Richter in den Ländern der Landesjustizminister gemeinsam mit einem Richterwahlausschuß entscheidet.

(5) Die Länder können für Landesrichter eine Absatz 2 entsprechende Regelung treffen. Geltendes Landesverfassungsrecht bleibt unberührt. Die Entscheidung über eine Richteranklage steht dem Bundesverfassungsgericht zu.

Inhalt der Vorschrift

Die Rechtsstellung der Bundesrichter ist entsprechend dem Verfassungsauftrag des Art. 98 durch das Deutsche Richtergesetz und das Gesetz über das Bundesverfassungsgericht ausgestaltet. Die Bundesländer haben durchgehend vergleichbare Vorschriften für die Richter im Landesdienst erlassen. In diesen Gesetzen sind die Zugangsvoraussetzungen zum Richterberuf, ihre Aufgaben und ihre Rechtsstellung geregelt. Dazu gehört insbesondere ihre Unabhängigkeit, aber auch die in Abs. II vorgesehene Verantwortlichkeit, die analog den disziplinarrechtlichen Regelungen für Beamte besteht, verfahrenstechnisch aber den Richterdienstgerichten zur Entscheidung vorbehalten bleibt.

Artikel 99
(Landesrechtliche Verfassungsstreitigkeiten)

Dem Bundesverfassungsgericht kann durch Landesgesetz die Entscheidung von Verfassungsstreitigkeiten innerhalb eines Landes, den in Artikel 95 Abs. 1 genannten obersten Gerichtshöfen für den letzten Rechtszug die Entscheidung in solchen Sachen zugewiesen werden, bei denen es sich um die Anwendung von Landesrecht handelt.

Inhalt der Vorschrift

Durch Art. 99 können die Bundesländer auf einen eigenen Landesverfassungsgerichtshof verzichten und diese Kompetenz an das Bundesverfassungsgericht übertragen. Die Vorschrift soll also die Einsparung von Landeseinrichtungen durch die Übertragung von Zuständigkeiten bezwecken. Zu beachten ist hierbei, daß diese Verfassungsstreitigkeiten im Rahmen der Landesverfassungen, nicht im Rahmen der Bundesverfassung, liegen.

Artikel 100
(Vorlagepflicht)

(1) Hält ein Gericht ein Gesetz, auf dessen Gültigkeit es bei der Entscheidung ankommt, für verfassungswidrig, so ist das Verfahren auszusetzen und, wenn es sich um die Verletzung der Verfassung eines Landes handelt, die Entscheidung des für Verfassungsstreitigkeiten zuständigen Gerichtes des Landes, wenn es sich um die Verletzung dieses Grundgesetzes handelt, die Entscheidung des Bundesverfassungsgerichtes einzuholen. Dies gilt auch, wenn es sich um die Verletzung dieses Grundgesetzes durch Landesrecht oder um die Unvereinbarkeit eines Landesgesetzes mit einem Bundesgesetze handelt.

(2) Ist in einem Rechtsstreite zweifelhaft, ob eine Regel des Völkerrechtes Bestandteil des Bundesrechtes ist und ob sie unmittelbar Rechte und Pflichten für den Einzelnen erzeugt (Artikel 25), so hat das Gericht die Entscheidung des Bundesverfassungsgerichtes einzuholen.

(3) Will das Verfassungsgericht eines Landes bei der Auslegung des Grundgesetzes von einer Entscheidung des Bundesverfassungsgerichtes oder des Verfassungsgerichtes eines anderen Landes abweichen, so hat das Verfassungsgericht die Entscheidung des Bundesverfassungsgerichtes einzuholen.

Inhalt der Vorschrift

Art. 100 kommt eine besondere Bedeutung im Hinblick auf die Regelung der Entscheidung von verfassungsrechtlichen Streitigkeiten zu. Es verpflichtet sämtliche Gerichte, dann, wenn sie Normen eines Gesetzes für verfassungswidrig halten, den jeweiligen Rechtsstreit auszusetzen und die Angelegenheit dem zuständigen Verfassungsgericht zur Entscheidung vorzulegen. Damit werden widersprechende Entscheidungen zur Verfassung durch die unterschiedlichen Gerichte ausgeschlossen. Abs. I Satz 2 erweitert auch die Fragen des Widerspruchs zwischen Bundes- und Landesgesetzen. Durch Abs. II werden alle Streitigkeiten um die Geltung von Regeln des Völkerrechts vor das Bundesverfassungsgericht verwiesen; Abs. III ergänzt dies um die Zuständigkeit des BVerfG bei divergierenden verfassungsgerichtlichen Entscheidungen. Nähere Regelungen über Form, Inhalt und Darstellung der Vorlagebeschlüsse sind den Verfassungsgerichtsgesetzen und der Rechtsprechung des BVerfG zu entnehmen.

Artikel 101

(Gesetzlicher Richter)

(1) Ausnahmegerichte sind unzulässig. Niemand darf seinem gesetzlichen Richter entzogen werden.

(2) Gerichte für besondere Sachgebiete können nur durch Gesetz errichtet werden.

Inhalt und Bedeutung der Vorschrift

Art. 101 sichert jedem den gesetzlich vorher bestimmten Richter. Niemand darf einem Gericht zugeführt werden, das eigens für seinen Fall gebildet wurde. Dann wäre die Unabhängigkeit des Gerichts in Frage gestellt. Der gesetzliche Richter i.S. des Art. 101 ist daher der Richter, der aufgrund der örtlichen und sachlichen Zuständigkeit des Gerichts einer bestehenden Verfahrensordnung und der gerichtsinternen vorher bestimmten Geschäftsverteilung für den speziellen Fall des Bürgers aufgrund allgemeiner Festlegungen zuständig ist. Jede Befassung eines anderen Richters mit der Sache macht die Entscheidung fehlerhaft und aufhebbar.

Dementsprechend schließt Abs. I die Bildung von Ausnahmegerichten aus. Ein ad hoc außerhalb der bestehenden Verfahrensordnungen gebildetes Gericht zur Entscheidung bestimmter Einzelfälle (BVerfGE 3, 223) stellte ein solches Ausnahmegericht dar. Unter Sondergerichten sind demgegenüber Gerichte mit besonderer sachlicher Zuständigkeit zu verstehen, wie sie durch das GG selbst geschaffen sind (Arbeits-, Sozial-, Finanz-, Patentgerichte). Ihre Bildung bedarf eines Gesetzes, ihre Zuständigkeit muß in dem besonderen Bereich allgemein sein.

Artikel 102

(Todesstrafe)

Die Todesstrafe ist abgeschafft.

Bedeutung der Vorschrift

Art. 102 verbietet die Verhängung, Verstreckung und Wiedereinführung der Todesstrafe. Kein Verbot besteht hingegen für die zulässige Auslieferung einer Person, die im ersuchenden Land die Todesstrafe erwartet (BVerfGE 18, 112), jedoch ist die Beachtung des § 8 des Gesetzes der internationalen Rechtshilfe in Strafsachen (BGBl. I S. 2071) gefordert. Art. 102 bindet nur die deutsche Staatsgewalt.

Artikel 103

(Prozessuale Grundrechte)

(1) Vor Gericht hat jedermann Anspruch auf rechtliches Gehör.

(2) Eine Tat kann nur bestraft werden, wenn die Strafbarkeit gesetzlich bestimmt war, bevor die Tat begangen wurde.

(3) Niemand darf wegen derselben Tat auf Grund der allgemeinen Strafgesetze mehrmals bestraft werden.

1. Bedeutung der Vorschrift

Die Vorschrift garantiert jedermann sog. prozessuale Grundrechte, also Grundrechte vor Gericht. Die Inhalte dieser Vorschrift sind wesentliche Bestandteile des Rechtsstaatsprinzips

(BVerfGE 9, 95), und können mit der Hilfe einer Verfassungsbeschwerde verteidigt werden (siehe Art. 93 Abs. I Nr. 4a GG, §§ 90 ff. BVerfGG).

2. Wesentliche Inhalte der Vorschrift

2.1 Anspruch auf rechtliches Gehör (Abs. I)

Abs. I soll jedermann ein faires Gerichtsverfahren gewährleisten (BVerfGE 64, 135). Das Recht steht allen Personen, natürlichen wie auch juristischen, zu (BVerfGE 75, 215; 18, 403 (Ausländer); 12, 8; 18, 447 (ausländische jur. Personen).

Unter rechtlichem Gehör versteht man die Gewährung der Möglichkeit, sich in einem Prozeß zu Wort melden zu können, sich also zu den jeweiligen Sachen zu äußern, Ausführungen zu tätigen oder Anträge zu stellen (BVerfGE 54, 142). Hieraus folgt der Grundsatz, daß ein Gericht nur eine Entscheidung fällen darf, wenn die Prozeßbeteiligten zu den Materialien der Beweisführung Stellung nehmen konnten. Ist dies nicht der Fall, ist ein Beweismaterial nicht den Prozeßbeteiligten vorgelegt worden, so darf es auch nicht verwendet werden.

2.2 Nullum crimen, nulla poena sine lege (Abs. II)

Abs. II sagt aus, daß niemand für eine Tat bestraft werden darf, wenn es zur Tatzeit kein Gesetz gab, das diese Tat unter Strafe stellte. Das Ziel dieser Vorschrift ist es also, eine rückwirkende Bestrafung auszuschließen. Dies gilt auch für den Analogieschluß. Straftatbestände müssen klar definiert werden, ein Analogieschluß im Strafrecht wird durch Abs. II verboten.

2.3 Ne bis in idem (Abs. III)

Abs. III verbietet eine Mehrfachbestrafung für eine begangene Straftat.

Dieses Verbot bezieht sich jedoch nur auf das Verhältnis von echten Kriminalstrafen zueinander, nicht auf das Verhältnis von Disziplinarstrafen (BVerfGE 21, 383; 21, 403; 26, 204).

Artikel 104
(Rechte beim Freiheitsentzug)

(1) Die Freiheit der Person kann nur auf Grund eines förmlichen Gesetzes und nur unter Beachtung der darin vorgeschriebenen Formen beschränkt werden. Festgehaltene Personen dürfen weder seelisch noch körperlich mißhandelt werden.

(2) Über die Zulässigkeit und Fortdauer einer Freiheitsentziehung hat nur der Richter zu entscheiden. Bei jeder nicht auf richterlicher Anordnung beruhenden Freiheitsentziehung ist unverzüglich eine richterliche Entscheidung herbeizuführen. Die Polizei darf aus eigener Machtvollkommenheit niemanden länger als bis zum Ende des Tages nach dem Ergreifen in eigenem Gewahrsam halten. Das Nähere ist gesetzlich zu regeln.

(3) Jeder wegen des Verdachts einer strafbaren Handlung vorläufig Festgenommene ist spätestens am Tage nach der Festnahme dem Richter vorzuführen, der ihm die Gründe der Festnahme mitzuteilen, ihn zu vernehmen und ihm Gelegenheit zu Einwendungen zu geben hat. Der Richter hat unverzüglich entweder einen mit Gründen versehenen schriftlichen Haftbefehl zu erlassen oder die Freilassung anzuordnen.

(4) Von jeder richterlichen Entscheidung über die Anordnung oder Fortdauer einer Freiheitsentziehung ist unverzüglich ein Angehöriger des Festgehaltenen oder eine Person seines Vertrauens zu benachrichtigen.

1. Bedeutung der Vorschrift

Art. 104 verstärkt den Schutz der persönlichen Freiheit gegenüber aller öffentlichen Gewalt (BVerfGE 14, 186). Er gewährt dem Bürger ein Grundrecht, das notfalls mit der Verfassungsbeschwerde verteidigt werden kann.

2. Inhalt der Vorschrift

Eine ohne den Willen des Betroffenen vorgenommene Freiheitsbeschränkung ist ausschließlich aufgrund eines förmlichen Gesetzes zulässig, wobei die Voraussetzungen des Gesetzes einzuhalten sind (Art. 20 Abs. III). (BVerfGE 29, 195). Zusätzlich konkretisiert Abs. I Satz 2 das Gebot des Art. 1, indem menschenunwürdige Behandlungen (Folter usw.) ausdrücklich verboten werden.

Die Dauer des Freiheitsentzuges ist, soweit nicht bereits eine richterliche Anordnung vorliegt (Vollzug einer Freiheitsstrafe), beschränkt. Aus Abs. II Satz 2 ergibt sich, daß eine vorläufige Festnahme nicht über 48 Stunden dauern darf, sofern nicht der Ablauf des darauffolgenden Tages früher eintritt (Sonderfall Art. 115 Abs. II Nr. 2 c). Nach Ablauf der Frist ist der Festgenommene freizulassen. Dies gilt insbesondere für polizeiliche Ingewahrsamnahme.

Im Rahmen der Strafverfolgung ist der vorläufig Festgenommene innerhalb der Frist dem zuständigen Haftrichter vorzuführen, der nach Anhörung und Prüfung der Vorwürfe einen schriftlichen Haftbefehl auszustellen hat oder den Betroffenen freilassen muß.

Schließlich beugt Abs. IV einer heimlichen Freiheitsentziehung vor. Die Benachrichtigungspflicht von der richterlichen Bestätigung der Freiheitsentziehung obliegt dem Richter. Der Betroffene hat auf die Erfüllung ein subjektives öffentliches Recht (BVerfGE 16, 122).

X. Das Finanzwesen

Überblick über die Art. 104 a bis 115

Die Art. 104 a bis 115 stellen eine in sich geschlossene Finanzverfassung des GG dar, in die alle Elemente der Staatsgewalt aufgenommen worden sind. In Art. 104 a legt das Grundgesetz zunächst fest, daß die Ausgabenlast der Aufgabenverantwortung entspringt. Daß dies nicht in allen Fällen der exekutiven Verantwortung entspricht, erfordert die in Art. 104 a Abs. II bis V getroffenen Regelungen zur Lastenverteilung in unmittelbarer Aufgabenerfüllung (BVerfGE 26, 389). Dementsprechend regelt darauf folgend Art. 105 die Möglichkeit der Einnahmenbeschaffung und verteilt die Gesetzgebungskompetenzen für Abgaben auf Bund und Länder.

In Art. 106 regelt das GG sodann die Verteilung des Abgabenaufkommens, wobei in Abs. III der sog. große Steuerverbund geschaffen ist, der das maßgebliche Steueraufkommen, nämlich das aus Einkommen-, Körperschafts- und Umsatzsteuer, auf Bund und Länder verteilt. Auch die gemeindlichen Steuern werden in die Berechnung der Verteilung finanzieller Massen eingerechnet, indem einerseits aufgabenbezogene Anteile an der Einkommensteuer zuerkannt werden und indem andererseits den Ländern letztlich die Verpflichtung zum Finanzausgleich auferlegt wird.

Die Finanzverwaltung wird aus der allgemeine Regelung der Art. 83 ff. herausgenommen und in Art. 108 eigenständig geregelt. Ebenso enthält die Vorschrift in Abs. VI die Kompetenzzuweisung an den Bund, die Finanzgerichtsbarkeit durch Bundesgesetz einheitlich regeln zu können.

In den Art. 109 ff. enthält das GG schließlich die verfassungsrechtlichen Vorschriften für die Haushaltsführung des Bundes, aber auch die Einbindung der Länder in eine Haushaltswirtschaft, die den Anforderungen des gesamtwirtschaftlichen Gleichgewichts (Geldwertstabilität, angemessenes Wirtschaftswachstum, außenwirtschaftliches Gleichgewicht, Vollbeschäftigung) entspricht, wobei nähere Instrumentarien durch das Gesetz zur Förderung der Stabilität und des Wachstums der Wirtschaft vom 8.7.1967 (BGBl. I S. 582) festgelegt sind.

Abschließend regeln die Art. 110 ff. die Grundsätze der Haushaltsplanung und -führung des Bundes, die im Hinblick auf außer- oder überplanmäßige Ausgaben herausgehobene Stellung des BMF (Art. 112) und die damit verbundenen Verpflichtungen gegenüber dem Parlament sowie die Prüfungsbefugnisse des Bundesrechnungshofes (Art. 114).

Artikel 104 a
(Ausgabenlast, Finanzhilfen)

(1) Der Bund und die Länder tragen gesondert die Ausgaben, die sich aus der Wahrnehmung ihrer Aufgaben ergeben, soweit dieses Grundgesetz nichts anderes bestimmt.

(2) Handeln die Länder im Auftrage des Bundes, trägt der Bund die sich daraus ergebenden Ausgaben.

(3) Bundesgesetze, die Geldleistungen gewähren und von den Ländern ausgeführt werden, können bestimmen, daß die Geldleistungen ganz oder zum Teil vom Bund getragen werden. Bestimmt das Gesetz, daß der Bund die Hälfte der Ausgaben oder mehr trägt, wird es im Auftrage des Bundes durchgeführt. Bestimmt das Gesetz, daß die Länder ein Viertel der Ausgaben oder mehr tragen, so bedarf es der Zustimmung des Bundesrates.

(4) Der Bund kann den Ländern Finanzhilfe für besonders bedeutende Investitionen der Länder und Gemeinden (Gemeindeverbände) gewähren, die zur Abwehr einer Störung des gesamtwirtschaftlichen Gleichgewichts oder zum Ausgleich unterschiedlicher Wirtschaftskraft im Bundesgebiet oder zur Förderung des wirtschaftlichen Wachstums erforderlich sind. Das Nähere, insbesondere die Arten der zu fördernden Investitionen, wird durch Bundesgesetz, das der Zustimmung des Bundesrates bedarf, oder auf Grund des Bundeshaushaltsgesetzes durch Verwaltungsvereinbarung geregelt.

(5) Der Bund und die Länder tragen die bei ihren Behörden entstehenden Verwaltungsausgaben und haften im Verhältnis zueinander für eine ordnungsmäßige Verwaltung. Das Nähere bestimmt ein Bundesgesetz, das der Zustimmung des Bundesrates bedarf.

Artikel 105
(Gesetzgebungskompetenzen)

(1) Der Bund hat die ausschließliche Gesetzgebung über die Zölle und Finanzmonopole.

(2) Der Bund hat die konkurrierende Gesetzgebung über die übrigen Steuern, wenn ihm das Aufkommen dieser Steuern ganz oder zum Teil zusteht oder die Voraussetzungen des Artikels 72 Abs. 2 vorliegen.

(2 a) Die Länder haben die Befugnis zur Gesetzgebung über die örtlichen Verbrauch- und Aufwandsteuern, solange und soweit sie nicht bundesgesetzlich geregelten Steuern gleichartig sind.

(3) Bundesgesetze über Steuern, deren Aufkommen den Ländern oder den Gemeinden (Gemeindeverbänden) ganz oder zum Teil zufließt, bedürfen der Zustimmung des Bundesrates.

Artikel 106
(Verteilung des Abgabenaufkommens)

(1) Der Ertrag der Finanzmonopole und das Aufkommen der folgenden Steuern stehen dem Bund zu:

1. die Zölle,
2. die Verbrauchsteuern, soweit sie nicht nach Absatz 2 den Ländern, nach Absatz 3 Bund und Ländern gemeinsam oder nach Absatz 6 den Gemeinden zustehen,
3. die Straßengüterverkehrsteuer,
4. die Kapitalverkehrsteuern, die Versicherungsteuer und die Wechselsteuer,
5. die einmaligen Vermögensabgaben und die zur Durchführung des Lastenausgleichs erhobenen Ausgleichsabgaben,
6. die Ergänzungsabgabe zur Einkommensteuer und zur Körperschaftssteuer,
7. Abgaben im Rahmen der Europäischen Gemeinschaften.

(2) Das Aufkommen der folgenden Steuern steht den Ländern zu:

1. die Vermögensteuer,
2. die Erbschaftsteuer,
3. die Kraftfahrzeugsteuer,
4. die Verkehrsteuern, soweit sie nicht nach Absatz 1 dem Bund oder nach Absatz 3 Bund und Ländern gemeinsam zustehen,
5. die Biersteuer,
6. die Abgabe von Spielbanken.

(3) Das Aufkommen der Einkommensteuer, der Körperschaftsteuer und der Umsatzsteuer steht dem Bund und den Ländern gemeinsam zu (Gemeinschaftsteuern), soweit das Aufkommen der Einkommensteuer nicht nach Absatz 5 den Gemeinden zugewiesen wird. Am Aufkommen der Einkommensteuer und der Körperschaftsteuer sind der Bund und die Länder je zur Hälfte beteiligt. Die Anteile von Bund und Ländern an der Umsatzsteuer werden durch Bundesgesetz, das der Zustimmung des Bundesrates bedarf, festgesetzt. Bei der Festsetzung ist von folgenden Grundsätzen auszugehen:

1. Im Rahmen der laufenden Einnahmen haben der Bund und die Länder gleichmäßig Anspruch auf Deckung ihrer notwendigen Ausgaben. Dabei ist der Umfang der Ausgaben unter Berücksichtigung einer mehrjährigen Finanzplanung zu ermitteln.

2. Die Deckungsbedürfnisse des Bundes und der Länder sind so aufeinander abzustimmen, daß ein billiger Ausgleich erzielt, eine Überbelastung der Steuerpflichtigen vermieden und die Einheitlichkeit der Lebensverhältnisse im Bundesgebiet gewahrt wird.

Zusätzlich werden in die Festsetzung der Anteile von Bund und Ländern an der Umsatzsteuer Steuermindereinnahmen einbezogen, die den Ländern ab 1. Januar 1996 aus der Berücksichtigung von Kindern im Einkommensteuerrecht entstehen. Das Nähere bestimmt das Bundesgesetz nach Satz 3.

(4) Die Anteile von Bund und Ländern an der Umsatzsteuer sind neu festzusetzen, wenn sich das Verhältnis zwischen den Einnahmen und Ausgaben des Bundes und der Länder wesentlich anders entwickelt; Steuermindereinnahmen, die nach Absatz 3 Satz 5 in die Festsetzung der Umsatzsteueranteile zusätzlich einbezogen werden, bleiben hierbei unberücksichtigt. Werden den Ländern durch Bundesgesetz zusätzliche Aufgaben auferlegt oder Einnahmen entzogen, so kann die Mehrbelastung durch Bundesgesetz, das der Zustimmung des Bundesrates bedarf, auch mit Finanzzuweisungen des Bundes ausgeglichen werden, wenn sie auf einen kurzen Zeitraum begrenzt ist. In dem Gesetz sind die Grundsätze für die Bemessung dieser Finanzzuweisungen und für ihre Verteilung auf die Länder zu bestimmen.

(5) Die Gemeinden erhalten einen Anteil an dem Aufkommen der Einkommensteuer, der von den Ländern an ihre Gemeinden auf der Grundlage der Einkommensteuerleistungen ihrer Einwohner weiterzuleiten ist. Das Nähere bestimmt ein Bundesgesetz, das der Zustimmung des Bundesrates bedarf. Es kann bestimmen, daß die Gemeinden Hebesätze für den Gemeindeanteil festsetzen.

(6) Das Aufkommen der Realsteuern steht den Gemeinden, das Aufkommen der örtlichen Verbrauch- und Aufwandsteuern steht den Gemeinden oder nach Maßgabe der Landesgesetzgebung den Gemeindeverbänden zu. Den Gemeinden ist das Recht einzuräumen, die Hebesätze der Realsteuern im Rahmen der Gesetze festzusetzen. Bestehen in einem Land keine Gemeinden, so steht das Aufkommen der Realsteuern und der örtlichen Verbrauch- und Aufwandsteuern dem Land zu. Bund und Länder können durch eine Umlage an dem Aufkommen der Gewerbesteuer beteiligt werden. Das Nähere über die Umlage bestimmt ein Bundesgesetz, das der Zustimmung des Bundesrates bedarf. Nach Maßgabe der Landesgesetzgebung können die Realsteuern und der Gemeindeanteil vom Aufkommen der Einkommensteuer als Bemessungsgrundlage für Umlagen zugrundegelegt werden.

(7) Von dem Länderanteil am Gesamtaufkommen der Gemeinschaftssteuern fließt den Gemeinden und Gemeindeverbänden insgesamt ein von der Landesgesetzgebung zu bestimmender Hundertsatz zu. Im übrigen bestimmt die Landesgesetzgebung, ob und inwieweit das Aufkommen der Landessteuern den Gemeinden (Gemeindeverbänden) zufließt.

(8) Veranlaßt der Bund in einzelnen Ländern oder Gemeinden (Gemeindeverbänden) besondere Einrichtungen, die diesen Ländern oder Gemeinden (Gemeindeverbänden) unmittelbar Mehrausgaben oder Mindereinnahmen (Sonderbelastungen) verursachen, gewährt der Bund den erforderlichen Ausgleich, wenn und soweit den Ländern und Gemeinden (Gemeindeverbänden) nicht zugemutet werden kann, die Sonderbelastungen zu tragen. Entschädigungsleistungen Dritter und finanzielle Vorteile, die diesen Ländern oder Gemeinden (Gemeindeverbänden) als Folge der Einrichtungen erwachsen, werden bei dem Ausgleich berücksichtigt.

(9) Als Einnahmen und Ausgaben der Länder im Sinne dieses Artikels gelten auch die Einnahmen und Ausgaben der Gemeinden (Gemeindeverbände).

Artikel 106 a
(Steueranteil an Länder für Personennahverkehr)

Den Ländern steht ab 1. Januar 1996 für den öffentlichen Personennahverkehr ein Betrag aus dem Steueraufkommen des Bundes zu. Das Nähere regelt ein Bundesgesetz, das der Zustimmung des Bundesrates bedarf. Der Betrag nach Satz 1 bleibt bei der Bemessung der Finanzkraft nach Artikel 107 Abs. 2 unberücksichtigt.

Artikel 107
(Finanzausgleich)

(1) Das Aufkommen der Landessteuern und der Länderanteil am Aufkommen der Einkommensteuer und der Körperschaftsteuer stehen den einzelnen Ländern insoweit zu, als die Steuern von den Finanzbehörden in ihrem Gebiet vereinnahmt werden (örtliches Aufkommen). Durch Bundesgesetz, das der Zustimmung des Bundesrates bedarf, sind für die Körperschaftsteuer und die Lohnsteuer nähere Bestimmungen über die Abgrenzung sowie über Art und Umfang der Zerlegung des örtlichen Aufkommens zu treffen. Das Gesetz kann auch Bestimmungen über die Abgrenzung und Zerlegung des öffentlichen Aufkommens anderer Steuern treffen. Der Länderanteil am Aufkommen der Umsatzsteuer steht den einzelnen Ländern nach Maßgabe ihrer Einwohnerzahl zu; für einen Teil, höchstens jedoch für ein Viertel dieses Länderanteils, können durch Bundesgesetz, das der Zustimmung des Bundesrates bedarf, Ergänzungsanteile für die Länder vorgesehen werden, deren Einnahmen aus den Landessteuern und aus der Einkommensteuer und der Körperschaftsteuer je Einwohner unter dem Durchschnitt der Länder liegen.

(2) Durch das Gesetz ist sicherzustellen, daß die unterschiedliche Finanzkraft der Länder angemessen ausgeglichen wird; hierbei sind die Finanzkraft und der Finanzbedarf der Gemeinden (Gemeindeverbände) zu berücksichtigen. Die Voraussetzungen für die Ausgleichsansprüche der ausgleichsberechtigten Länder und für die Ausgleichsverbindlichkeiten der ausgleichspflichtigen Länder sowie die Maßstäbe für die Höhe der Ausgleichsleistungen sind in dem Gesetz zu bestimmen. Es kann auch bestimmen, daß der Bund aus seinen Mitteln leistungsschwachen Ländern Zuweisungen zur ergänzenden Deckung ihres allgemeinen Finanzbedarfs (Ergänzungszuweisungen) gewährt.

Artikel 108
(Finanzverwaltung, Finanzgerichtsbarkeit)

(1) Zölle, Finanzmonopole, die bundesgesetzlich geregelten Verbrauchsteuern einschließlich der Einfuhrumsatzsteuer und die Abgaben im Rahmen der Europäischen Gemeinschaften werden durch Bundesfinanzbehörden verwaltet. Der Aufbau dieser Behörden wird durch Bundesgesetz geregelt. Die Leiter der Mittelbehörden sind im Benehmen mit den Landesregierungen zu bestellen.

(2) Die übrigen Steuern werden durch Landesfinanzbehörden verwaltet. Der Aufbau dieser Behörden und die einheitliche Ausbildung der Beamten können durch Bundesgesetz mit Zustimmung des Bundesrates geregelt werden. Die Leiter der Mittelbehörden sind im Einvernehmen mit der Bundesregierung zu bestellen.

(3) Verwalten die Landesfinanzbehörden Steuern, die ganz oder zum Teil dem Bund zufließen, so werden sie im Auftrage des Bundes tätig. Artikel 85 Abs. 3 und 4 gilt mit der Maßgabe, daß an die Stelle der Bundesregierung der Bundesminister der Finanzen tritt.

(4) Durch Bundesgesetz, das der Zustimmung des Bundesrates bedarf, kann bei der Verwaltung von Steuern ein Zusammenwirken von Bundes- und Landesfinanzbehörden sowie für Steuern, die unter Absatz 1 fallen, die Verwaltung durch Landesfinanzbehörden und für andere Steuern die Verwaltung durch Bundesfinanzbehörden vorgesehen werden, wenn und soweit dadurch der Vollzug der Steuergesetze erheblich verbessert oder erleichtert wird. Für die den Gemeinden (Gemeindeverbänden) allein zufließenden Steuern kann die den Landesfinanzbehörden zustehende Verwaltung durch die Länder ganz oder zum Teil den Gemeinden (Gemeindeverbänden) übertragen werden.

(5) Das von den Bundesfinanzbehörden anzuwendende Verfahren wird durch Bundesgesetz geregelt. Das von den Landesfinanzbehörden und in Fällen des Absatzes 4 Satz 2 von den Gemeinden (Gemeindeverbänden) anzuwendende Verfahren kann durch Bundesgesetz mit Zustimmung des Bundesrates geregelt werden.

(6) Die Finanzgerichtsbarkeit wird durch Bundesgesetz einheitlich geregelt.

(7) Die Bundesregierung kann allgemeine Verwaltungsvorschriften erlassen, und zwar mit Zustimmung des Bundesrates, soweit die Verwaltung den Landesfinanzbehörden oder Gemeinden (Gemeindeverbänden) obliegt.

Artikel 109
(Grundsätze der Haushaltswirtschaft von Bund und Ländern)

(1) Bund und Länder sind in ihrer Haushaltswirtschaft selbständig und voneinander unabhängig.

(2) Bund und Länder haben bei ihrer Hauswirtschaft den Erfordernissen des gesamtwirtschaftlichen Gleichgewichts Rechnung zu tragen.

(3) Durch Bundesgesetz, das der Zustimmung des Bundesrates bedarf, können für Bund und Länder gemeinsam geltende Grundsätze für das Haushaltsrecht, für eine konjunkturgerechte Haushaltswirtschaft und für eine mehrjährige Finanzplanung aufgestellt werden.

(4) Zur Abwehr einer Störung des gesamtwirtschaftlichen Gleichgewichts können durch Bundesgesetz, das der Zustimmung des Bundesrates bedarf, Vorschriften über

1. Höchstbeträge, Bedingungen und Zeitfolge der Aufnahme von Krediten durch Gebietskörperschaften und Zweckverbände und

2. eine Verpflichtung von Bund und Ländern, unverzinsliche Guthaben bei der Deutschen Bundesbank zu unterhalten (Konjunkturausgleichsrücklagen),

erlassen werden. Ermächtigungen zum Erlaß von Rechtsordnungen können nur der Bundesregierung erteilt werden. Die Rechtsverordnungen bedürfen der Zustimmung des Bundesrates. Sie sind aufzuheben, soweit der Bundestag es verlangt; das Nähere bestimmt das Bundesgesetz.

Artikel 110
(Bundeshaushaltsplan)

(1) Alle Einnahmen und Ausgaben des Bundes sind in den Haushaltsplan einzustellen; bei Bundesbetrieben und bei Sondervermögen brauchen nur die Zuführungen oder die Ablieferungen eingestellt zu werden. Der Haushaltsplan ist in Einnahme und Ausgabe auszugleichen.

(2) Der Haushaltsplan wird für ein oder mehrere Rechnungsjahre, nach Jahren getrennt, vor Beginn des ersten Rechnungsjahres durch das Haushaltsgesetz festgestellt. Für Teile des Haushaltsplanes kann vorgesehen werden, daß sie für unterschiedliche Zeiträume, nach Rechnungsjahren getrennt, gelten.

(3) Die Gesetzesvorlage nach Absatz 2 Satz 1 sowie Vorlagen zur Änderung des Haushaltsgesetzes und des Haushaltsplanes werden gleichzeitig mit der Zuleitung an den Bundesrat beim Bundestag eingebracht; der Bundesrat ist berechtigt, innerhalb von sechs Wochen, bei Änderungsvorlagen innerhalb von drei Wochen, zu den Vorlagen Stellung zu nehmen.

(4) In das Haushaltsgesetz dürfen nur Vorschriften aufgenommen werden, die sich auf die Einnahmen und die Ausgaben des Bundes und auf den Zeitraum beziehen, für den das Haushaltsgesetz beschlossen wird. Das Haushaltsgesetz kann vorschreiben, daß die Vorschriften erst mit der Verkündung des nächsten Haushaltsgesetzes oder bei Ermächtigung nach Artikel 115 zu einem späteren Zeitpunkt außer Kraft treten.

Artikel 111
(Vorläufige Haushaltsführung)

(1) Ist bis zum Schluß eines Rechnungsjahrs der Haushaltsplan für das folgende Jahr nicht durch Gesetz festgestellt, so ist bis zu seinem Inkrafttreten die Bundesregierung ermächtigt, alle Ausgaben zu leisten, die nötig sind,

a) um gesetzlich bestehende Einrichtungen zu erhalten und gesetzlich beschlossene Maßnahmen durchzuführen,

b) um die rechtlich begründeten Verpflichtungen des Bundes zu erfüllen,

c) um Bauten, Beschaffungen und sonstige Leistungen fortzusetzen oder Beihilfen für diese Zwecke weiterzugewähren, sofern durch den Haushaltsplan eines Vorjahres bereits Beträge bewilligt worden sind.

(2) Soweit nicht auf besonderem Gesetze beruhende Einnahmen aus Steuern, Abgaben und sonstigen Quellen oder die Betriebsmittelrücklage die Ausgaben unter Absatz 1 decken, darf die Bundesregierung die zur Aufrechterhaltung der Wirtschaftsführung erforderlichen Mittel bis zur Höhe eines Viertels der Endsumme des abgelaufenen Haushaltsplanes im Wege des Kredits flüssig machen.

Artikel 112

(Außer- und überplanmäßige Ausgaben)

Überplanmäßige und außerplanmäßige Ausgaben bedürfen der Zustimmung des Bundesministers der Finanzen. Sie darf nur im Falle eines unvorhergesehenen und unabweisbaren Bedürfnisses erteilt werden. Näheres kann durch Bundesgesetz bestimmt werden.

Artikel 113

(Gesetzliche Ausgabenerhöhung)

(1) Gesetze, welche die von der Bundesregierung vorgeschlagenen Ausgaben des Haushaltsplanes erhöhen oder neue Ausgaben in sich schließen oder für die Zukunft mit sich bringen, bedürfen der Zustimmung der Bundesregierung. Das gleiche gilt für Gesetze, die Einnahmeminderungen in sich schließen oder für die Zukunft mit sich bringen. Die Bundesregierung kann verlangen, daß der Bundestag die Beschlußfassung über solche Gesetze aussetzt. In diesem Fall hat die Bundesregierung innerhalb von sechs Wochen dem Bundestage eine Stellungnahme zuzuleiten.

(2) Die Bundesregierung kann innerhalb von vier Wochen, nachdem der Bundestag das Gesetz beschlossen hat, verlangen, daß der Bundestag erneut Beschluß faßt.

(3) Ist das Gesetz nach Artikel 78 zustande gekommen, kann die Bundesregierung ihre Zustimmung nur innerhalb von sechs Wochen und nur dann versagen, wenn sie vorher das Verfahren nach Absatz 1 Satz 3 und 4 oder nach Absatz 2 eingeleitet hat. Nach Ablauf dieser Frist gilt die Zustimmung als erteilt.

Artikel 114

(Jahresschlußrechnung, Prüfung)

(1) Der Bundesminister der Finanzen hat dem Bundestage und dem Bundesrate über alle Einnahmen und Ausgaben sowie über das Vermögen und die Schulden im Laufe des nächsten Rechnungsjahres zur Entlastung der Bundesregierung Rechnung zu legen.

(2) Der Bundesrechnungshof, dessen Mitglieder richterliche Unabhängigkeit besitzen, prüft die Rechnung sowie die Wirtschaftlichkeit und Ordnungsmäßigkeit der Haushalts- und Wirtschaftsführung. Er hat außer der Bundesregierung unmittelbar dem Bundestage und dem Bundesrate jährlich zu berichten. Im übrigen werden die Befugnisse des Bundesrechnungshofes durch Bundesgesetz geregelt.

Artikel 115

(Kreditaufnahmen)

(1) Die Aufnahme von Krediten sowie die Übernahme von Bürgschaften, Garantien oder sonstigen Gewährleistungen, die zu Ausgaben in künftigen Rechnungsjahren führen können, bedürfen einer der Höhe nach bestimmten oder bestimmbaren Ermächtigung durch Bundesgesetz. Die Einnahmen aus Krediten dürfen die Summe der im Haushaltsplan veranschlagten Ausgaben für Investitionen nicht überschreiten; Ausnahmen sind nur zulässig zur Abwehr einer Störung des gesamtwirtschaftlichen Gleichgewichts. Das Nähere wird durch Bundesgesetz geregelt.

(2) Für Sondervermögen des Bundes können durch Bundesgesetz Ausnahmen von Absatz 1 zugelassen werden.

X a. Verteidigungsfall

Überblick über die Art. 115 a bis 115 l

Die Vorschriften des Abschnittes X a stellen die sog. Notstandsverfassung dar. Sie greift ein, wenn durch den Bundestag mit Zustimmung des Bundesrates oder, soweit diese Gremien nicht mehr in der Lage zusammenzutreten, der Gemeinsame Ausschuß (Art. 53 a) den Verteidigungsfall feststellt (Art. 115 a). Durch die nachfolgenden Regelungen werden die verfassungsrechtlichen Gewährleistungen zugunsten der Exekutive erheblich verkürzt. Auf die Darstellung von Einzelheiten soll hier jedoch verzichtet werden.

Artikel 115 a

(Feststellung)

(1) Die Feststellung, daß das Bundesgebiet mit Waffengewalt angegriffen wird oder ein solcher Angriff unmittelbar droht (Verteidigungsfall) trifft der Bundestag mit Zustimmung des Bundesrates. Die Feststellung erfolgt auf Antrag der Bundesregierung und bedarf der Mehrheit von zwei Dritteln der abgegebenen Stimmen, mindestens der Mehrheit der Mitglieder des Bundestages.

(2) Erfordert die Lage unabweisbar ein sofortiges Handeln und stehen einem rechtzeitigen Zusammentritt des Bundestages unüberwindliche Hindernisse entgegen oder ist er nicht beschlußfähig, so trifft der Gemeinsame Ausschuß diese Feststellung mit einer Mehrheit von zwei Dritteln der abgegebenen Stimmen, mindestens der Mehrheit seiner Mitglieder.

(3) Die Feststellung wird vom Bundespräsidenten gemäß Artikel 82 im Bundesgesetzblatte verkündet. Ist dies nicht rechtzeitig möglich, so erfolgt die Verkündung in anderer Weise; sie ist im Bundesgesetzblatte nachzuholen, sobald die Umstände es zulassen.

(4) Wird das Bundesgebiet mit Waffengewalt angegriffen und sind die zuständigen Bundesorgane außerstande, sofort die Feststellung nach Absatz 1 Satz 1 zu treffen, so gilt diese Feststellung als getroffen und als zu dem Zeitpunkt verkündet, in dem der Angriff begonnen hat. Der Bundespräsident gibt diesen Zeitpunkt bekannt, sobald die Umstände es zulassen.

(5) Ist die Feststellung des Verteidigungsfalles verkündet und wird das Bundesgebiet mit Waffengewalt angegriffen, so kann der Bundespräsident völkerrechtliche Erklärungen über das Bestehen des Verteidigungsfalles mit Zustimmung des Bundestages abgeben. Unter den Voraussetzungen des Absatzes 2 tritt an die Stelle des Bundestages der Gemeinsame Ausschuß.

Artikel 115 b

(Militärische Befehlsgewalt)

Mit der Verkündung des Verteidigungsfalles geht die Befehls- und Kommandogewalt über die Streitkräfte auf den Bundeskanzler über.

Artikel 115 c
(Veränderung der Gesetzgebungskompetenzen)

(1) Der Bund hat für den Verteidigungsfall das Recht der konkurrierenden Gesetzgebung auch auf den Sachgebieten, die zur Gesetzgebungszuständigkeit der Länder gehören. Diese Gesetze bedürfen der Zustimmung des Bundesrates.

(2) Soweit es die Verhältnisse während des Verteidigungsfalles erfordern, kann durch Bundesgesetz für den Verteidigungsfall

1. bei Enteignung abweichend von Artikel 14 Abs. 3 Satz 2 die Entschädigung vorläufig geregelt werden,

2. für Freiheitsentziehungen eine von Artikel 104 Abs. 2 Satz 3 und Abs. 3 Satz 1 abweichende Frist, höchstens jedoch eine solche von vier Tagen, für den Fall festgesetzt werden, daß ein Richter nicht innerhalb der für Normalzeiten geltenden Frist tätig werden konnte.

(3) Soweit es zur Abwehr eines gegenwärtigen oder unmittelbar drohenden Angriffs erforderlich ist, kann für den Verteidigungsfall durch Bundesgesetz mit Zustimmung des Bundesrates die Verwaltung und das Finanzwesen des Bundes und der Länder abweichend von den Abschnitten VIII, VIIIa und X geregelt werden, wobei die Lebensfähigkeit der Länder, Gemeinden und Gemeindeverbände, insbesondere auch in finanzieller Hinsicht, zu wahren ist.

(4) Bundesgesetze nach den Absätzen 1 und 2 Nr. 1 dürfen zur Vorbereitung ihres Vollzuges schon vor Eintritt des Verteidigungsfalles angewandt werden.

Artikel 115 d
(Dringliche Gesetzesvorlagen)

(1) Für die Gesetzgebung des Bundes gilt im Verteidigungsfalle abweichend von Artikel 76 Abs. 2, Artikel 77 Abs. 1 Satz 2 und Abs. 2 bis 4, Artikel 78 und Artikel 82 Abs. 1 die Regelung der Absätze 2 und 3.

(2) Gesetzesvorlagen der Bundesregierung, die sie als dringlich bezeichnet, sind gleichzeitig mit der Einbringung beim Bundestag dem Bundesrate zuzuleiten. Bundestag und Bundesrat beraten diese Vorlagen unverzüglich gemeinsam. Soweit zu einem Gesetze die Zustimmung des Bundesrates erforderlich ist, bedarf es zum Zustandekommen des Gesetzes der Zustimmung der Mehrheit seiner Stimmen. Das Nähere regelt eine Geschäftsordnung, die vom Bundestage beschlossen wird und der Zustimmung des Bundesrates bedarf.

(3) Für die Verkündung der Gesetze gilt Artikel 115 a Abs. 3 Satz 2 entsprechend.

Artikel 115 e
(Stellung des Gemeinsamen Ausschusses)

(1) Stellt der Gemeinsame Ausschuß im Verteidigungsfalle mit einer Mehrheit von zwei Dritteln der abgegebenen Stimmen, mindestens mit der Mehrheit seiner Mitglieder fest, daß dem rechtzeitigen Zusammentritt des Bundestages unüberwindliche Hindernisse entgegenstehen oder daß dieser nicht beschlußfähig ist, so hat der Gemeinsame Ausschuß die Stellung vom Bundestag und Bundesrat und nimmt deren Rechte einheitlich wahr.

(2) Durch ein Gesetz des Gemeinsamen Ausschusses darf das Grundgesetz weder geändert noch ganz oder teilweise außer Kraft oder außer Anwendung gesetzt werden. Zum

Erlaß von Gesetzen nach Artikel 23 Abs. 1 Satz 2, Artikel 24 Abs. 1 oder Artikel 29 ist der Gemeinsame Ausschuß nicht befugt.

Artikel 115 f
(Befugnisse der Bundesregierung)

(1) Die Bundesregierung kann im Verteidigungsfalle, soweit es die Verhältnisse erfordern,

1. den Bundesgrenzschutz im gesamten Bundesgebiet einsetzen;
2. außer der Bundesverwaltung auch den Landesregierungen und, wenn sie es für dringlich erachtet, den Landesbehörden Weisungen erteilen und diese Befugnis auf von ihr zu bestimmende Mitglieder der Landesregierungen übertragen.

(2) Bundestag, Bundesrat und der Gemeinsame Ausschuß sind unverzüglich von den nach Absatz 1 getroffenen Maßnahmen zu unterrichten.

Artikel 115 g
(Sicherung des Bundesverfassungsgerichts)

Die verfassungsmäßige Stellung und die Erfüllung der verfassungsmäßigen Aufgaben des Bundesverfassungsgerichtes und seiner Richter dürfen nicht beeinträchtigt werden. Das Gesetz über das Bundesverfassungsgericht darf durch ein Gesetz des Gemeinsamen Ausschusses nur insoweit geändert werden, als dies nach Auffassung des Bundesverfassungsgerichtes zur Aufrechterhaltung der Funktionsfähigkeit des Gerichtes erforderlich ist. Bis zum Erlaß eines solchen Gesetzes kann das Bundesverfassungsgericht die zur Erhaltung der Arbeitsfähigkeit des Gerichtes erforderlichen Maßnahmen treffen. Beschlüsse nach Satz 2 und Satz 3 faßt das Bundesverfassungsgericht mit der Mehrheit der anwesenden Richter.

Artikel 115 h
(Amtszeiten, Wahlperioden)

(1) Während des Verteidigungsfalles ablaufende Wahlperioden des Bundestages oder der Volksvertretungen der Länder enden sechs Monate nach Beendigung des Verteidigungsfalles. Die im Verteidigungsfalle ablaufende Amtszeit des Bundespräsidenten sowie bei vorzeitiger Erledigung seines Amtes die Wahrnehmung seiner Befugnisse durch den Präsidenten des Bundesrates enden neun Monate nach Beendigung des Verteidigungsfalles. Die im Verteidigungsfalle ablaufende Amtszeit eines Mitgliedes des Bundesverfassungsgerichtes endet sechs Monate nach Beendigung des Verteidigungsfalles.

(2) Wird eine Neuwahl des Bundeskanzlers durch den Gemeinsamen Ausschuß erforderlich, so wählt dieser einen neuen Bundeskanzler mit der Mehrheit seiner Mitglieder; der Bundespräsident macht dem Gemeinsamen Ausschuß einen Vorschlag. Der Gemeinsame Ausschuß kann dem Bundeskanzler das Mißtrauen nur dadurch aussprechen, daß er mit der Mehrheit von zwei Dritteln seiner Mitglieder einen Nachfolger wählt.

(3) Für die Dauer des Verteidigungsfalles ist die Auflösung des Bundestages ausgeschlossen.

Artikel 115 i

(Befugnisse der Landesregierungen)

(1) Sind die zuständigen Bundesorgane außerstande, die notwendigen Maßnahmen zur Abwehr der Gefahr zu treffen, und erfordert die Lage unabweisbar ein sofortiges selbständiges Handeln in einzelnen Teilen des Bundesgebietes, so sind die Landesregierungen oder die von ihnen bestimmten Behörden oder Beauftragten befugt, für ihren Zuständigkeitsbereich Maßnahmen im Sinne des Artikels 115 f Abs. 1 zu treffen.

(2) Maßnahmen nach Absatz 1 können durch die Bundesregierung, im Verhältnis zu Landesbehörden und nachgeordneten Bundesbehörden auch durch die Ministerpräsidenten der Länder, jederzeit aufgehoben werden.

Artikel 115 k

(Normenkollision, Geltungsdauer)

(1) Für die Dauer ihrer Anwendbarkeit setzen Gesetze nach den Artikeln 115, 115 e und 115 g und Rechtsverordnungen, die auf Grund solcher Gesetze ergehen, entgegenstehendes Recht außer Anwendung. Dies gilt nicht gegenüber früherem Recht, das auf Grund der Artikel 115 c, 115 e und 115 g erlassen worden ist.

(2) Gesetze, die der Gemeinsame Ausschuß beschlossen hat, und Rechtsverordnungen, die auf Grund solcher Gesetze ergangen sind, treten spätestens sechs Monate nach Beendigung des Verteidigungsfalles außer Kraft.

(3) Gesetze, die von den Artikeln 91 a, 91 b, 104 a, 106 und 107 abweichende Regelungen enthalten, gelten längstens bis zum Ende des zweiten Rechnungsjahres, das auf die Beendigung des Verteidigungsfalles folgt. Sie können nach Beendigung des Verteidigungsfalles durch Bundesgesetz mit Zustimmung des Bundesrates geändert werden, um zu der Regelung gemäß den Abschnitten VIIIa und X überzuleiten.

Artikel 115 l

(Beendigung des Verteidigungsfalles)

(1) Der Bundestag kann jederzeit mit Zustimmung des Bundesrates Gesetze des Gemeinsamen Ausschusses aufheben. Der Bundesrat kann verlangen, daß der Bundestag hierüber beschließt. Sonstige zur Abwehr der Gefahr getroffenen Maßnahmen des Gemeinsamen Ausschusses oder der Bundesregierung sind aufzuheben, wenn der Bundestag und der Bundesrat es beschließen.

(2) Der Bundestag kann mit Zustimmung des Bundesrates jederzeit durch einen vom Bundespräsidenten zu verkündenden Beschluß den Verteidigungsfall für beendet erklären. Der Bundesrat kann verlangen, daß der Bundestag hierüber beschließt. Der Verteidigungsfall ist unverzüglich für beendet zu erklären, wenn die Voraussetzungen für seine Feststellung nicht mehr gegeben sind.

(3) Über den Friedensschluß wird durch Bundesgesetz entschieden.

Übergangs- und Schlußbestimmungen

Überblick über die Artikel 116 bis 146

Soweit den Übergangs- und Schlußbestimmungen in der modernen Verfassungssituation noch Bedeutung zukommt, sind die entsprechenden Vorschriften direkt bei den jeweiligen Regelungen in Bezug genommen worden. Jetzt, 47 Jahre nach Inkrafttreten des Grundgesetzes und, nachdem die Einheit Deutschlands wiederhergestellt ist, sind Anwendungsnotwendigkeiten kaum noch vorhanden, allenfalls dann, wenn eine Schlußvorschrift nachträglich in das GG eingefügt wurde (vgl. z.B. Art. 125 a, auf den in Art. 75 hingewiesen wurde). Angesichts des Zeitablaufs wird hier auf eine weitergehende Darstellung verzichtet.

Artikel 116
(Deutsche Staatsangehörigkeit)

(1) Deutscher im Sinne dieses Grundgesetzes ist vorbehaltlich anderweitiger gesetzlicher Regelung, wer die deutsche Staatsangehörigkeit besitzt oder als Flüchtling oder Vertriebener deutscher Volkszugehörigkeit oder als Ehegatte oder Abkömmling in dem Gebiete des Deutschen Reiches nach dem Stande vom 31. Dezember 1937 Aufnahme gefunden hat.

(2) Frühere deutsche Staatsangehörige, denen zwischen dem 30. Januar 1933 und dem 8. Mai 1945 die Staatsangehörigkeit aus politischen, rassischen oder religiösen Gründen entzogen worden ist, und ihre Abkömmlinge sind auf Antrag wieder einzubürgern. Sie gelten als nicht ausgebürgert, sofern sie nach dem 8. Mai 1945 ihren Wohnsitz in Deutschland genommen haben und nicht einen entgegengesetzten Willen zum Ausdruck gebracht haben.

Artikel 117
(Fortgeltung von Gesetzen)

(1) Das dem Artikel 3 Absatz 2 entgegenstehende Recht bleibt bis zu seiner Anpassung an diese Bestimmung des Grundgesetzes in Kraft, jedoch nicht länger als bis zum 31. März 1953.

(2) Gesetze, die das Recht der Freizügigkeit mit Rücksicht auf die gegenwärtige Raumnot einschränken, bleiben bis zu ihrer Aufhebung durch Bundesgesetz in Kraft.

Artikel 118
(Neugliederung von Ländern)

Die Neugliederung in dem die Länder Baden, Württemberg-Baden und Württemberg-Hohenzollern umfassenden Gebiete kann abweichend von den Vorschriften des Artikels 29 durch Vereinbarung der beteiligten Länder erfolgen. Kommt eine Vereinbarung nicht zustande, so wird die Neugliederung durch Bundesgesetz geregelt, das eine Volksbefragung vorsehen muß.

Artikel 118 a
(Neugliederung von Berlin und Brandenburg)

Die Neugliederung in dem die Länder Berlin und Brandenburg umfassenden Gebiet kann abweichend von den Vorschriften des Artikels 29 unter Beteiligung ihrer Wahlberechtigten durch Vereinbarung beider Länder erfolgen.

Artikel 119

(Vertriebene und Flüchtlinge)

In Angelegenheiten der Flüchtlinge und Vertriebenen, insbesondere zu ihrer Verteilung auf die Länder, kann bis zu einer bundesgesetzlichen Regelung die Bundesregierung mit Zustimmung des Bundesrates Verordnungen mit Gesetzeskraft erlassen. Für besondere Fälle kann dabei die Bundesregierung ermächtigt werden, Einzelanweisungen zu erteilen. Die Weisungen sind, außer bei Gefahr im Verzuge, an die obersten Landesbehörden zu richten.

Artikel 120

(Kriegsfolgelasten)

(1) Der Bund trägt die Aufwendungen für Besatzungskosten und die sonstigen inneren und äußeren Kriegsfolgelasten nach näherer Bestimmung von Bundesgesetzen. Soweit diese Kriegsfolgelasten bis zum 1. Oktober 1969 durch Bundesgesetze geregelt worden sind, tragen Bund und Länder im Verhältnis zueinander die Aufwendungen nach Maßgabe dieser Bundesgesetze. Soweit Aufwendungen für Kriegsfolgelasten, die in Bundesgesetzen weder geregelt worden sind noch geregelt werden, bis zum 1. Oktober 1965 von den Ländern, Gemeinden (Gemeindeverbänden) oder sonstigen Aufgabenträgern, die Aufgaben von Ländern oder Gemeinden erfüllen, erbracht worden sind, ist der Bund zur Übernahme von Aufwendungen dieser Art auch nach diesem Zeitpunkt nicht verpflichtet. Der Bund trägt die Zuschüsse zu den Lasten der Sozialversicherung mit Einschluß der Arbeitslosenversicherung und der Arbeitslosenhilfe. Die durch diesen Absatz geregelte Verteilung der Kriegsfolgelasten auf Bund und Länder läßt die gesetzliche Regelung von Entschädigungsansprüchen für Kriegsfolgen unberührt.

(2) Die Einnahmen gehen auf den Bund zu demselben Zeitpunkt über, an dem der Bund die Ausgaben übernimmt.

Artikel 120 a

(Lastenausgleichsregelungen)

(1) Die Gesetze, die der Durchführung des Lastenausgleichs dienen, können mit Zustimmung des Bundesrates bestimmen, daß sie auf dem Gebiete der Ausgleichsleistungen teils durch den Bund, teils im Auftrage des Bundes durch die Länder ausgeführt werden, und daß die der Bundesregierung und den zuständigen obersten Bundesbehörden auf Grund des Artikels 85 insoweit zustehenden Befugnisse ganz oder teilweise dem Bundesausgleichsamt übertragen werden. Das Bundesausgleichsamt bedarf bei Ausübung dieser Befugnisse nicht der Zustimmung des Bundesrates; seine Weisungen sind, abgesehen von den Fällen der Dringlichkeit, an die obersten Landesbehörden (Landesausgleichsämter) zu richten.

(2) Artikel 87 Abs. 3 Satz 2 bleibt unberührt.

Artikel 121

(Verfassungsrechtlicher Mehrheitsbegriff)

Mehrheit der Mitglieder des Bundestages und der Bundesversammlung im Sinne dieses Grundgesetzes ist die Mehrheit ihrer gesetzlichen Mitgliederzahl.

Artikel 122
(Gesetzgebungszuständigkeiten nach Inkrafttreten)

(1) Vom Zusammentritt des Bundestages an werden die Gesetze ausschließlich von den in diesem Grundgesetz anerkannten gesetzgebenden Gewalten beschlossen.

(2) Gesetzgebende und bei der Gesetzgebung beratend mitwirkende Körperschaften, deren Zuständigkeit nach Absatz 1 endet, sind mit diesem Zeitpunkt aufgelöst.

Artikel 123
(Vorkonstitutionelles Recht)

(1) Recht aus der Zeit vor dem Zusammentritt des Bundestages gilt fort, soweit es dem Grundgesetz nicht widerspricht.

(2) Die vom Deutschen Reich abgeschlossenen Staatsverträge, die sich auf Gegenstände beziehen, für die nach diesem Grundgesetze die Landesgesetzgebung zuständig ist, bleiben, wenn sie nach allgemeinen Rechtsgrundsätzen gültig sind und fortgelten, unter Vorbehalt aller Rechte und Einwendungen der Beteiligten in Kraft, bis neue Staatsverträge durch die nach diesem Grundgesetze zuständigen Stellen abgeschlossen werden oder ihre Beendigung auf Grund der in ihnen enthaltenen Bestimmungen anderweitig erfolgt.

Artikel 124
(Vorkonstitutionelles Recht bei ausschließlicher Gesetzgebung des Bundes)

Recht, das Gegenstände der ausschließlichen Gesetzgebung des Bundes betrifft, wird innerhalb seines Geltungsbereiches Bundesrecht.

Artikel 125
(Vorkunstitutionelles Recht bei konkurrierender Gesetzgebung)

Recht, das Gegenstände der konkurrierenden Gesetzgebung des Bundes betrifft, wird innerhalb seines Geltungsbereiches Bundesrecht,

1. soweit es innerhalb einer oder mehrerer Besatzungszonen einheitlich gilt;
2. soweit es sich um Recht handelt, durch das nach dem 8. Mai 1945 früheres Reichsrecht abgeändert worden ist.

Artikel 125 a
(Fortgeltung von Bundesrecht)

(1) Recht, das als Bundesrecht erlassen worden ist, aber wegen Änderung des Artikels 74 Abs. 1 oder des Artikels 75 Abs. 1 nicht mehr als Bundesrecht erlassen werden könnte, gilt als Bundesrecht fort. Es kann durch Landesrecht ersetzt werden.

(2) Recht, das auf Grund des Artikels 72 Abs. 2 in der bis zum 15. November 1994 geltenden Fassung erlassen worden ist, gilt als Bundesrecht fort. Durch Bundesgesetz kann bestimmt werden, daß es durch Landesrecht ersetzt werden kann. Entsprechendes gilt für Bundesrecht, das vor diesem Zeitpunkt erlassen worden ist und das nach Artikel 75 Abs. 2 nicht mehr erlassen werden könnte.

Artikel 126
(Entscheidungen über fortgeltendes Recht)

Meinungsverschiedenheiten über das Fortgelten von Recht als Bundesrecht entscheidet das Bundesverfassungsgericht.

Artikel 127
(Vorkonstitutionelles Recht des Vereinigten Wirtschaftsgebietes)

Die Bundesregierung kann mit Zustimmung der Regierungen der beteiligten Länder Recht der Verwaltung des Vereinigten Wirtschaftsgebietes, soweit es nach Artikel 124 oder 125 als Bundesrecht fortgilt, innerhalb eines Jahres nach Verkündigung dieses Grundgesetzes in den Ländern Baden, Groß-Berlin, Rheinland-Pfalz und Württemberg-Hohenzollern in Kraft setzen.

Artikel 128
(Fortgeltung von Weisungsrechten)

Soweit fortgeltendes Recht Weisungsrechte im Sinne des Artikels 84 Absatz 5 vorsieht, bleiben sie bis zu einer anderweitigen gesetzlichen Regelung bestehen.

Artikel 129
(Fortgeltung von Verordnungsermächtigungen)

(1) Soweit in Rechtsvorschriften, die als Bundesrecht fortgelten, eine Ermächtigung zum Erlasse von Rechtsverordnungen oder allgemeinen Verwaltungsvorschriften sowie zur Vornahme von Verwaltungsakten enthalten ist, geht sie auf die nunmehr sachlich zuständigen Stellen über. In Zweifelsfällen entscheidet die Bundesregierung im Einvernehmen mit dem Bundesrate; die Entscheidung ist zu veröffentlichen.

(2) Soweit in Rechtsvorschriften, die als Landesrecht fortgelten, eine solche Ermächtigung enthalten ist, wird sie von den nach Landesrecht zuständigen Stellen ausgeübt.

(3) Soweit Rechtsvorschriften im Sinne der Absätze 1 und 2 zu ihrer Änderung oder Ergänzung oder zum Erlaß von Rechtsvorschriften an Stelle von Gesetzen ermächtigen, sind diese Ermächtigungen erloschen.

(4) Die Vorschriften der Absätze 1 und 2 gelten entsprechend, soweit in Rechtsvorschriften auf nicht mehr geltende Vorschriften oder nicht mehr bestehende Einrichtungen verwiesen ist.

Artikel 130
(Juristische Personen des öffentlichen Rechts)

(1) Verwaltungsorgane und sonstige der öffentlichen Verwaltung oder Rechtspflege dienende Einrichtungen, die nicht auf Landesrecht oder Staatsverträgen zwischen Ländern beruhen, sowie die Betriebsvereinigung der südwestdeutschen Eisenbahnen und der Verwaltungsrat für das Post- und Fernmeldewesen für das französische Besatzungsgebiet unterstehen der Bundesregierung. Diese regelt mit Zustimmung des Bundesrates die Überführung, Auflösung oder Abwicklung.

(2) Oberster Disziplinarvorgesetzter der Angehörigen dieser Verwaltungen und Einrichtungen ist der zuständige Bundesminister.

(3) Nicht landesunmittelbare und nicht auf Staatsverträgen zwischen den Ländern beru-

hende, Körperschaften und Anstalten des öffentlichen Rechtes unterstehen der Aufsicht der zuständigen obersten Bundesbehörde.

Artikel 131
(Ehemalige Beschäftigte im öffentlichen Dienst)

Die Rechtsverhältnisse von Personen einschließlich der Flüchtlinge und Vertriebenen, die am 8. Mai 1945 im öffentlichen Dienst standen, aus anderen als beamten- oder tarifrechtlichen Gründen ausgeschieden sind und bisher nicht oder nicht ihrer früheren Stellung entsprechend verwendet werden, sind durch Bundesgesetz zu regeln. Entsprechendes gilt für Personen einschließlich der Flüchtlinge und Vertriebenen, die am 8. 5. 1945 versorgungsberechtigt waren und aus anderen als beamten- oder tarifrechtlichen Gründen keine oder keine entsprechende Versorgung mehr erhalten. Bis zum Inkrafttreten des Bundesgesetzes können vorbehaltlich anderweitiger landesrechtlicher Regelung Rechtsansprüche nicht geltend gemacht werden.

Artikel 132
(Ruhestand von Beschäftigten im öffentlichen Dienst)

(1) Beamte und Richter, die im Zeitpunkte des Inkrafttretens dieses Grundgesetzes auf Lebenszeit angestellt sind, können binnen sechs Monaten nach dem ersten Zusammentritt des Bundestages in den Ruhestand oder Wartestand oder in ein Amt mit niedrigerem Diensteinkommen versetzt werden, wenn ihnen die persönliche oder fachliche Eignung für ihr Amt fehlt. Auf Angestellte, die in einem unkündbaren Dienstverhältnis stehen, findet diese Vorschrift entsprechende Anwendung. Bei Angestellten, deren Dienstverhältnis kündbar ist, können über die tarifmäßige Regelung hinausgehende Kündigungsfristen innerhalb der gleichen Frist aufgehoben werden.

(2) Diese Bestimmung findet keine Anwendung auf Angehörige des öffentlichen Dienstes, die von den Vorschriften über die „Befreiung von Nationalsozialismus und Militarismus" nicht betroffen oder die anerkannte Verfolgte des Nationalsozialismus sind, sofern nicht ein wichtiger Grund in ihrer Person vorliegt.

(3) Den Betroffenen steht der Rechtsweg gemäß Artikel 19 Absatz 4 offen.

(4) Das Nähere bestimmt eine Verordnung der Bundesregierung, die der Zustimmung des Bundesrates bedarf.

Artikel 133
(Rechtsnachfolge für das Vereinigte Wirtschaftsgebiet)

Der Bund tritt in die Rechte und Pflichten der Verwaltung des Vereinigten Wirtschaftsgebietes ein.

Artikel 134
(Rechtsnachfolge für das Reichsvermögen)

(1) Das Vermögen des Reiches wird grundsätzlich Bundesvermögen.

(2) Soweit es nach seiner ursprünglichen Zweckbestimmung überwiegend für Verwaltungsaufgaben bestimmt war, die nach diesem Grundgesetze nicht Verwaltungsaufgaben des Bundes sind, ist es unentgeltlich auf die nunmehr zuständigen Aufgabenträger und, soweit es nach seiner gegenwärtigen, nicht nur vorübergehenden Benutzung Verwal-

tungsaufgaben dient, die nach diesem Grundgesetz nunmehr von den Ländern zu erfüllen sind, auf die Länder zu übertragen. Der Bund kann auch sonstiges Vermögen den Ländern übertragen.

(3) Vermögen, das dem Reich von den Ländern und Gemeinden (Gemeindeverbänden) unentgeltlich zur Verfügung gestellt wurde, wird wiederum Vermögen der Länder und Gemeinden (Gemeindeverbände), soweit es nicht der Bund für eigene Verwaltungsaufgaben benötigt.

(4) Das Nähere regelt ein Bundesgesetz, das der Zustimmung des Bundesrates bedarf.

Artikel 135
(Rechtsnachfolge für Landesvermögen)

(1) Hat sich nach dem 8. Mai 1945 bis zum Inkrafttreten dieses Grundgesetzes die Landeszugehörigkeit eines Gebietes geändert, so steht in diesem Gebiete das Vermögen des Landes, dem das Gebiet angehört hat, dem Lande zu, dem es jetzt angehört.

(2) Das Vermögen nicht mehr bestehender Länder und nicht mehr bestehender anderer Körperschaften und Anstalten des öffentlichen Rechtes geht, soweit es nach seiner ursprünglichen Zweckbestimmung überwiegend für Verwaltungsaufgaben bestimmt war, oder nach seiner gegenwärtigen, nicht nur vorübergehenden Benutzung überwiegend Verwaltungsaufgaben dient, auf das Land oder die Körperschaft oder Anstalt des öffentlichen Rechtes über, die nunmehr diese Aufgaben erfüllen.

(3) Grundvermögen nicht mehr bestehender Länder geht einschließlich des Zubehörs, soweit es nicht bereits zu Vermögen im Sinne des Absatzes 1 gehört, auf das Land über, in dessen Gebiet es belegen ist.

(4) Sofern ein überwiegendes Interesse des Bundes oder das besondere Interesse eines Gebietes erfordert, kann durch Bundesgesetz eine von den Absätzen 1 bis 3 abweichende Regelung getroffen werden.

(5) Im übrigen wird die Rechtsnachfolge und die Auseinandersetzung, soweit sie nicht bis zum 1. Januar 1952 durch Vereinbarung zwischen den beteiligten Ländern oder Körperschaften oder Anstalten des öffentlichen Rechtes erfolgt, durch Bundesgesetz geregelt, das der Zustimmung des Bundesrates bedarf.

(6) Beteiligungen des ehemaligen Landes Preußen an Unternehmen des privaten Rechtes gehen auf den Bund über. Das Nähere regelt ein Bundesgesetz, das auch Abweichendes bestimmen kann.

(7) Soweit über Vermögen, das einem Lande oder einer Körperschaft oder Anstalt des öffentlichen Rechtes nach den Absätzen 1 bis 3 zufallen würde, von dem danach Berechtigten durch ein Landesgesetz, auf Grund eines Landesgesetzes oder in anderer Weise bei Inkrafttreten des Grundgesetzes verfügt worden war, gilt der Vermögensübergang als vor der Verfügung erfolgt.

Artikel 135 a
(Haftung für Verbindlichkeiten von Rechtsvorgängern)

(1) Durch die in Artikel 134 Abs. 4 und Artikel 135 Abs. 5 vorbehaltene Gesetzgebung des Bundes kann auch bestimmt werden, daß nicht oder nicht in voller Höhe zu erfüllen sind

1. Verbindlichkeiten des Reiches sowie Verbindlichkeiten des ehemaligen Landes Preußen und sonstiger nicht mehr bestehender Körperschaften und Anstalten des öffentlichen Rechts.

2. Verbindlichkeiten des Bundes oder anderer Körperschaften und Anstalten des öffentlichen Rechts, welche mit dem Übergang von Vermögenswerten nach Artikel 89, 90, 134 und 135 im Zusammenhang stehen, und Verbindlichkeiten dieser Rechtsträger, die auf Maßnahmen der in Nummer 1 bezeichneten Rechtsträger beruhen,

3. Verbindlichkeiten der Länder und Gemeinden (Gemeindeverbände), die aus Maßnahmen entstanden sind, welche diese Rechtsträger vor dem 1. August 1945 zur Durchführung von Anordnungen der Besatzungsmächte oder zur Beseitigung eines kriegsbedingten Notstandes im Rahmen dem Reich obliegender oder vom Reich übertragener Verwaltungsaufgaben getroffen haben.

(2) Absatz 1 findet entsprechende Anwendung auf Verbindlichkeiten der Deutschen Demokratischen Republik oder ihrer Rechtsträger sowie auf Verbindlichkeiten des Bundes oder anderer Körperschaften und Anstalten des öffentlichen Rechts, die mit dem Übergang von Vermögenswerten der Deutschen Demokratischen Republik auf Bund, Länder und Gemeinden im Zusammenhang stehen, und auf Verbindlichkeiten, die auf Maßnahmen der Deutschen Demokratischen Republik oder ihrer Rechtsträger beruhen.

Artikel 136
(Erstmaliger Zusammentritt des Bundesrates)

(1) Der Bundesrat tritt erstmalig am Tage des ersten Zusammentrittes des Bundestages zusammen.

(2) Bis zur Wahl des ersten Bundespräsidenten werden dessen Befugnisse von dem Präsidenten des Bundestages ausgeübt. Das Recht der Auflösung des Bundestages steht ihm nicht zu.

Artikel 137
(Wählbarkeit von Beschäftigten des öffentlichen Dienstes)

(1) Die Wählbarkeit von Beamten, Angestellten des öffentlichen Dienstes, Berufssoldaten, freiwilligen Soldaten auf Zeit und Richtern im Bund, in den Ländern und den Gemeinden kann gesetzlich beschränkt werden.

(2) Für die Wahl des ersten Bundestages, der ersten Bundesversammlung und des ersten Bundespräsidenten, der Bundesrepublik gilt das vom Parlamentarischen Rat zu beschließende Wahlgesetz.

(3) Die dem Bundesverfassungsgericht gemäß Artikel 41 Absatz 2 zustehende Befugnis wird bis zu seiner Errichtung von dem Deutschen Obergericht für das Vereinigte Wirtschaftsgebiet wahrgenommen, das nach Maßgabe seiner Verfahrensordnung entscheidet.

Artikel 138
(Notariatsänderungen)

Änderungen der Einrichtungen des jetzt bestehenden Notariats in den Ländern *Baden*, *Bayern*, *Württemberg-Baden* und *Württemberg-Hohenzollern* bedürfen der Zustimmung der Regierungen dieser Länder.

Artikel 139

(Rechtsvorschriften über die Befreiung)

Die zur „Befreiung des deutschen Volkes vom Nationalsozialismus und Militarismus" erlassenen Rechtsvorschriften werden von den Bestimmungen dieses Grundgesetzes nicht berührt.

Artikel 140

(Geltung der WRV)

Die Bestimmungen der Artikel 136, 137, 138, 139 und 141 der deutschen Verfassung vom 11. August 1919 sind Bestandteil dieses Grundgesetzes.

Artikel 141

(„Bremer Klausel")

Artikel 7 Absatz 3 Satz 1 findet keine Anwendung in einem Lande, in dem am 1. Januar 1949 eine andere landesrechtliche Regelung bestand.

Artikel 142

(Deklaratorische Wirkung von Landesverfassungen)

Ungeachtet der Vorschrift des Artikels 31 bleiben Bestimmungen der Landesverfassungen auch insoweit in Kraft, als sie in Übereinstimmung mit den Artikeln 1 bis 18 dieses Grundgesetzes Grundrechte gewährleisten.

Artikel 142a

(aufgehoben)

Artikel 143
(Fortgeltung von DDR-Recht)

(1) Recht in dem in Artikel 3 des Einigungsvertrags genannten Gebiet kann längstens bis zum 31. Dezember 1992 von Bestimmungen dieses Grundgesetzes abweichen, soweit und solange infolge der unterschiedlichen Verhältnisse die völlige Anpassung an die grundgesetzliche Ordnung noch nicht erreicht werden kann. Abweichungen dürfen nicht gegen Artikel 19 Abs. 2 verstoßen und müssen mit den in Artikel 79 Abs. 3 genannten Grundsätzen vereinbar sein.

(2) Abweichungen von den Abschnitten II, VIII, VIII a, IX, X und XI sind längstens bis zum 31. Dezember 1995 zulässig.

(3) Unabhängig von Absatz 1 und 2 haben Artikel 41 des Einigungsvertrags und Regelungen zu seiner Durchführung auch insoweit Bestand, als sie vorsehen, daß Eingriffe in das Eigentum auf dem in Artikel 3 dieses Vertrags genannten Gebiet nicht mehr rückgängig gemacht werden.

Artikel 143 a
(Gesetzgebungskompetenz für die Privatisierung der Bundesbahn)

(1) Der Bund hat die ausschließliche Gesetzgebung über alle Angelegenheiten, die sich aus der Umwandlung der in bundeseigener Verwaltung geführten Bundeseisenbahnen in Wirtschaftsunternehmen ergeben. Artikel 87 e Abs. 5 findet entsprechende Anwendung. Beamte der Bundeseisenbahnen können durch Gesetz unter Wahrung ihrer Rechtsstel-

lung und der Verantwortung des Dienstherrn einer privatrechtlich organisierten Eisenbahn des Bundes zur Dienstleistung zugewiesen werden.

(2) Gesetze nach Absatz 1 führt der Bund aus.

(3) Die Erfüllung der Aufgaben im Bereich des Schienenpersonennahverkehrs der bisherigen Bundeseisenbahnen ist bis zum 31. Dezember 1995 Sache des Bundes. Dies gilt auch für die entsprechenden Aufgaben der Eisenbahnverkehrsverwaltung. Das Nähere wird durch Bundesgesetz geregelt, das der Zustimmung des Bundesrates bedarf.

Artikel 143 b
(Sondervermögen Deutsche Bundespost)

(1) Das Sondervermögen Deutsche Bundespost wird nach Maßgabe eines Bundesgesetzes in Unternehmen privater Rechtsform umgewandelt. Der Bund hat die ausschließliche Gesetzgebung über alle sich hieraus ergebenden Angelegenheiten.

(2) Die vor der Umwandlung bestehenden ausschließlichen Rechte des Bundes können durch Bundesgesetz für eine Übergangszeit den aus der Deutschen Bundespost POST-DIENST und der Deutschen Bundespost TELEKOM hervorgegangenen Unternehmen verliehen werden. Die Kapitalmehrheit am Nachfolgeunternehmen der Deutschen Bundespost POSTDIENST darf der Bund frühestens fünf Jahre nach Inkrafttreten des Gesetzes aufgeben. Dazu bedarf es eines Bundesgesetzes mit Zustimmung des Bundesrates .

(3) Die bei der Deutschen Bundespost tätigen Bundesbeamten werden unter Wahrung ihrer Rechtsstellung und der Verantwortung des Dienstherrn bei den privaten Unternehmen beschäftigt. Die Unternehmen üben Dienstherrenbefugnisse aus. Das Nähere bestimmt ein Bundesgesetz.

Artikel 144
(Annahme des Grundgesetzes)

(1) Dieses Grundgesetz bedarf der Annahme durch die Volksvertretungen in zwei Dritteln der deutschen Länder, in denen es zunächst gelten soll.

(2) Soweit die Anwendung dieses Grundgesetzes in einem der in Artikel 23 aufgeführten Länder oder in einem Teile eines dieser Länder Beschränkungen unterliegt, hat das Land oder der Teil des Landes das Recht, gemäß Artikel 38 Vertreter in den Bundestag und gemäß Artikel 50 Vertreter in den Bundesrat zu entsenden.

Artikel 145
(Parlamentarischer Rat, Verkündung)

(1) Der Parlamentarische Rat stellt in öffentlicher Sitzung unter Mitwirkung der Abgeordneten Groß-Berlins die Annahme dieses Grundgesetzes fest, fertigt es aus und verkündet es.

(2) Dieses Grundgesetz tritt mit Ablauf des Tages der Verkündung in Kraft.

(3) Es ist im Bundesgesetzblatt zu veröffentlichen.

Artikel 146
(Geltungsdauer)

Dieses Grundgesetz, das nach Vollendung der Einheit und Freiheit Deutschlands für das gesamte deutsche Volk gilt, verliert seine Gültigkeit an dem Tage, an dem eine Verfassung in Kraft tritt, die von dem deutschen Volke in freier Entscheidung beschlossen worden ist.